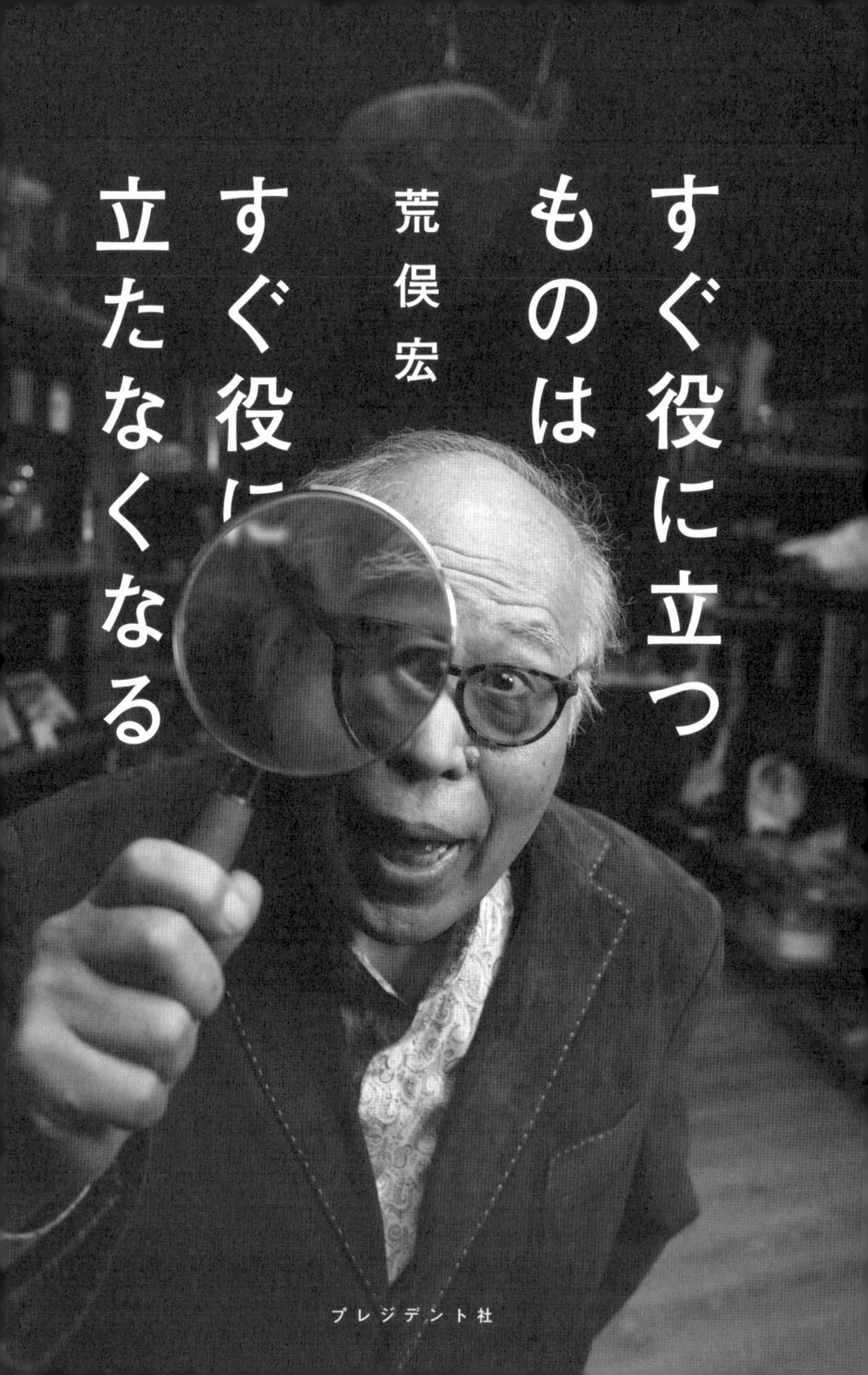

すぐ役に立つものはすぐ役に立たなくなる

荒俣宏

プレジデント社

はじめに
AIに勝てる知的生活を見つけるために

好きなら何でも許される……わけではない話

ときどき、「荒俣さんは好きな研究をしているから、自由で楽しそうでうらやましい」といわれることがある。でも、うらやましがられることなど何もない。幼稚園のときから変人だのアマノジャクだのとからかわれ、いじめられたから、孤立していた。家で飼っているヤドカリやコオロギだけが友達だった。

ただし、わたしは好きなことだけしているわけでもなかった。正直にいえば、**どんな仕事もやってみるとおもしろくなる**のだ。

大学卒業後、就職は魚類に興味があったから水産会社に勤めたのだが、配属されたのは漁船に資材を詰めこむ部署で、その後は思いもよらぬコンピュータ室だった。3日で辞めようと思ったが、4日も頑張ってみたら、デジタル機器のおもしろさを発見して10年近く勤務した。そこで知ったのは、**「来たバスには乗ってみろ」**という至言だった。やれば、何でもおもしろくなるのだ。

そんな好奇心に駆られて、さまざまな分野に出入りしているうちに、背伸びする性格になった。たとえば、本を読んで感動すると、著者の先生に手紙を書いて、いろいろ質問するのが大好きだった。

むかしは著者の住所までが本の奥付に出ていたから、どんどん手紙を書いた。最初は小学6年生のときで、水産技官の新井邦夫先生という方に、当時珍しかったランチュウという高級金魚の飼い方をたずねたところ、親切な返事がもらえた。それ以来、世に権威と呼ばれる人々にごく気軽に手紙を出す習慣がついた。中学3年では、小泉八雲《こいずみやくも》の翻訳者として名高い平井呈一《ひらいていいち》先生のお弟子にしてもらえた。

社会人になってからも、妖怪マンガ家の水木《みずき》しげる先生や、情報知識の機械化を早くから提唱された評論家の紀田《きだ》順一郎《じゅんいちろう》先生にも教えを受けた。思えば、この「師匠探し」のエネルギーだけが自分の取り柄であって、あとは、タダの気弱ないじめられっ子にすぎなかったのだ。仕事が遊びにもなっていた。なんてお気楽な！　といわれるかもしれないが。

じつは、このように**好きなことにのめりこむ生活は、案外にむずかしいし、覚悟も必要**だった。まずモテないし、学校の教科書は退屈で身が入らないうえに、昆虫採集やらマンガの捜索やら、お化けの研究といった怪しげなことに熱中していたので、教師からの評価はものすごく低かった。

一生とは「自分の物語」をつくっていくこと

今振り返ると、日本ではまだ専門の学者が生まれてもいない特殊文化ばかりだったから、好きなことを進めるには長い時間とコストがかかった。本を買うにしても、話を聞くにしても、その資料検索や現地検索が困難で、コスト・パフォーマンスが悪かった。

そこで気づいたのは、**「好き」とは一線を超えること**だ、という事実だった。恋愛でもそうだが、一線を超えると、平穏で退屈な毎日が一気にさま変わりし、喜びも悩みも格段に大きくなる。つまり、平穏な日常が消滅する。たとえばゲームを好きになったら、昼も夜もなくなるし、場合によると日々の食事や休息もおろそかになるように。

まあ、プランクトン研究やら芋虫の変態の神秘やら、興味深いが日常生活においては毒にも薬にもならない探究に魅せられると、いつのまにか読書と、その道の先達との狭い、面倒なお付き合いだけの、あまり歓迎されない社会人と化すほかはないのだ。

このような場合、好きになった分野が運悪く日常生活に害もなく益もないと、まわりから「変人」と思われることになる。この趣味がやっと世間に認められるには、苦節30年あまりを必要とする。それでやっと「変な物知り」として認知されてはじめて、それまでの無茶苦茶な暮らし方も親不孝も大目に見てもらえるようになる。

我が家では、わたしが会社勤めを辞めて物書きを生業《なりわい》にすると決めたとき、母は「世間様から笑われる」といって悲しんだ。作家なぞという仕事は、ふつうの人たちにとって当時は「失業」と同義だったので、テレビのUFO番組に出演したりすると、「いつまで宇宙に行ってるのかい」と叱られた。

そういうハンデを乗り越えるにはそれなりの覚悟がいる。けれども、こういう困難はかならず、あとで自分の宝となるし、自分の「物語」の一部となって記憶される。**人生なんて、結局は自分の物語を一生かけてつくっていくようなものだ。**なぜなら、その物語があとでみんなに記憶される「あなた」になるからだ。だから、何をやるにしても、ぜんぶが「自分」というジグソーパズルのワン・ピースになる。

本書を読んでくださる読者のみなさんにも覚えがあるかもしれない。何かに熱中するために何かを捨てたとしても、それは捨てたんじゃなくて、自分の物語の空白を埋めていくための、「あいだのショート・ストーリー」となるのだ。

だからわたしは、自分のことをさて置いて、大人になってからは学生にこういう暮らし方をすすめたことはなかった。学校ではよく「趣味は読書」と誇る生徒がいるが、ベストセラーや学校推奨の名作ぐらいでやめときなさいと、忠告した。それぐらい、好きな道に専心することはやめられない喜びがあったし、そのために何かをあきらめることも平気だった。

わたしが中学生時代、学校で唯一親しい友となった同級生がいたが、かれは子どもながら拳銃とハードボイルド小説のマニアで、『マンハント』という専門雑誌のコレクターだった。ふとしたことで仲良くなり、かれの家で拳銃模型や拳銃発明の歴史や、アメリカ開拓時代の詳しい話を聞かせてもらうようになった。それが楽しみだったし、尊敬できた。でも、かれは学校では変人扱いされていた。

ほんとうに孤高の趣味人とするべき勇敢な子だったが、やがて退学になった。今も同窓会のときに、その子のことを数人で懐《なつ》かしく思い、その後どうなったかを気に掛ける。こういう思い出が「物語」となっていく。

若すぎたために大家になりそこなった旧友は何人もいる。みんな、一つのことが好きになりすぎた結果であった。

「バカ」も叡智の一種、人間にしか発揮できない力

そういう学校生活を送ったわたしには、令和の時代の子どもたちがむしろ驚きの対象に見えてくる。

なぜって、パソコンが普及し、どんなデータベースにも自由にアクセスできるようになり、情報も拡散できるという、信じられない世界になったからだ。このような「驚くべき新世界」では、子どもでも大人でもすぐに「その道の大家」になれるし、社会も両親も応援してくれる。オタクとも博士ちゃんとも呼ばれて、注目される。

ところがいっぽうで、ほんとうに社会から忘れ去られたり、消されたりする子もたくさん出てきている。いやいや、わたしたちはその子の物語を消す役割さえしてしまう。

ここぞとばかりにパソコン教育や特殊分野の紹介がブームとなり、ついに生成ＡＩという、まだ正体のよくわからない人工知能までが自由に使えるようになった。たとえば医学や将棋などの異業種で、人間よりも機械をパートナーにして業績をあげることが可能になった。いや、

生成ＡＩを稽古相手にして天下を取るような中学生の天才棋士まで登場することになった。こうした新世界でどう生きて、何を学ぶかについて、わたしの体験を通してだけれども、この本であなたにヒントを与えたいと思う。

なお、今や「シンギュラリティー」、すなわちＡＩが人間よりも賢くなる時期と予測される２０３０年が近づいたと大騒ぎする風潮があるが、わたしは心配していない。人間の叡智はまだデジタル化されない分野がいくらだってある。

生成ＡＩといっても、機械が人間と同等の情報を扱えるようになったのは、ここ30年ほどにすぎない。しかし日本人の文化生活は縄文時代から数えると優に1万年を超えるし、だいいち文字もなかった時代にさえ高い文化があった。こういうデジタル化できない人間内の心理的活動の蓄積は、やっとデータがすこし取れる段階に来た程度であり、ましてやセンスや感覚や観念といったものは情報を数値化する手段もわかっていない。データにできないデータが残されているのだ。

それに、本書全体のテーマであるが、**「バカになること」のメリットや叡智も、まだ人間の独占物なのだ。**バカで勝負するという方法もあることを、わたしは本書でお知らせしたいと思う。

少し前には「老人力」というのもあった。これなど、老いることのないＡＩには理解不能かもしれない。

「無知からの脱出」と「未知への進出」

ここまでずいぶん乱暴なことを述べてきたが、情報化社会というものは、けっこうあやうくて、やりにくい世界だ、と感じている人も多いのではないか。ズバリいってしまえば、そこにはまだ「他者への心づかい」や「コンプライアンス」が欠けている。こういう感情的な「心配」や「不満」も、まだまだ機械に移せる特技ではないだろう。

その証拠に、一個人として生きる人々は、「あれ、情報化社会の未来って、こういうことだったの？」と、毎日届く社会の暗いできごとをインターネットで知るたびに心配できている。不便と不満は発明の母である。何か人間として大切なことが、ＩＴ革命以来どうも欠けてきてはいないか、と。

これは、人間がユニバーサルな情報ツールの張りめぐらされた現代の中で、むかしとは違う、とても異質な支配力が日常に入りこんだせいだ。電車に乗っても、多くの人が黙ってスマホを眺めている。わたしたちが「異世界」に暮らす「異人類」になったのなら、何がここで失われたかを分析することも、情報化社会を生き延びる力の一つになる。

子どもたちはデジタルの普及した今をどう生きるか、若いころにインターネットやスマホがなかった古い世代には想像も及ばないからアドバイスができないし、一人で考えださなければならない。世界が正しく有益な知識や思考の増進に向かったことはたしかだけれど、それに比例して真実と偽りの交錯する混乱がひどくなった。何を信じていいかわからないのだ。

現在、もっとも問題になっているものに、詐欺の巧妙化とSNSによる情報倫理の無法化がある。その進化のスピードがあまりに速すぎるために倫理も法もデジタルメディアも、まったく対策が追いついていない。つまり、みんなが仲良く自由に暮らすためのコンプライアンスが形成できていないのだ。免許も知識もない暴走車が走りまわっている高速道路と同じだ。これじゃあ、いつか自分が巻きこまれるかもしれない。

もっとはっきりいうなら、技術面はこわいほど進んだが、芸道とか武士道というような肝心の「道」がない。運転免許を持たずに車を勝手に運転し、スピードアップするドライバーのようなものだ。このままでは自分の情報を守るすべもなくなり、疑心暗鬼の世界が出現しかねない。これでは、「穏やかで平和な日常」を基盤として暮らすふつうの人々の居場所がなくなる。

じゃあ、どうすればいいのか？

あらためて、この**新世界の成り立ちの謎を調べることが必要だ**。あなたがこれから始める勉強や研究は、まわりがほとんどアドバイスしてくれない「無知」と「無秩序」を理解するためにあるといってもいい。

そこで本書では、まわりの混乱に惑わされない勉強の方法を考えるヒントを考えることにするが、同時に、勉強すること自体が暴走してしまわないように、勉強自体に〈ルール〉というか〈秩序〉を課すことが必要だ。なぜなら、「好きなことをする」というのは業《ごう》（どうしても犯してしまう人間の基本的な欲望や行為）に近い煩悩《ぼんのう》の世界であって、この業から抜けだして世界を調和させるような真の賢者が出にくいからだ。極楽というよりは地獄への道が開いているのかもしれない。

では、何をすればいいのか。それはむずかしいようで簡単なことだ。**勉強をなるべく、深く、広くすること。そして、ここぞと思う分野を見つけたら、なるべく深く、それも自分の体を使って掘り下げること**——。

これさえ気をつければ、あなたは少なくとも「勉強バカ」や「勉強亡者」になってしまう心配はない。

みんなが退屈する数学だって、学べばおもしろい

今、会社経営や政治にすらコンプライアンスが求められているのに、知の世界だけが人類史上かつてなかった混乱に襲われている。なんと、デジタル情報はビッグデータとなって、わたしたちの考えや欲望をあやつっている。

このような状況になった最大の要因は、デジタル化の進展によって現実世界に「ヴァーチャル世界」、つまり「仮想世界」が接続して、人知の取り扱える世界が多次元化したことにある。つまり、自分の好みに合う理想世界だけに閉じこもって暮らせるのだ。

このカラクリをわかりやすくするのが、人類によってはじめて成立した純粋な人工世界といえる「数学」の発展史だといわれている。

その基本となる勉強は数学だが、文学や映画とそんなに隔たったものではなく、十分にエンターテインメントとして楽しめる。たとえば算術や計算はよくできるが、代数とか関数とか虚

数なんていう不思議なものや微分、積分などのよくわからない計算式はお手あげだ、と感じる人が多い。それはなぜかといえば、算術から高度数学まで、文明五千年のあいだにできあがった数学の成果が、ぜんぶ一緒くたに教えられるためのストレスがあるからだ。

数学も、べつに国語や社会と変わるところはない。まず、あいうえおという文字を教えられ、ことばの文法も教えられる。ここまでが、数学でいうと算術や幾何術にあたる。誰でもわかるよね。

ところが、こんどはいよいよ文章を理解することや、漢字の勉強が始まり、短歌や俳句も教えられるし、古文や漢文だって学ばされ、最後はいよいよ英語などの外国語も知らなければいけなくなる。最後はもう、哲学などという特殊な理想世界を理解する。あらゆることばがこうして短期間に並行して頭に入ってくるけど、なぜいつの間にか頭に入ってくるかというと、ことばを勉強するのではなくて、経済社会などの活動をおこなうためのコミュニケーションを取る道具になるからだ。

道具は使えればいい。だから、覚える。数学もまったく同じだ。

最古の数学は、実数あるいは自然数の法則にしたがう世界だった。要するに、石の個数を数えたり、土地の広さを測ったりするなど、目に見えるものをはかるためのことばとしてつくられた。目に見えて、手で触れるから、自然に理解できる。暗記してもいいよね、九九算みたいに。1、2、3ときっちり数えられるし、人間の感覚とも一致する実体が相手だった。

だから物差しで計測もできる……と思ったところ、数学にも、目に見える世界のルールに違反する異質な数があらわれてくる。文学だってそうでしょ。外国語で書かれたり、ことばの数が制限されたり、季語を入れたり、てにをはに気をつけたりするとわからなくなる。前衛詩だとか象徴詩といった特殊な文学作品になると、もういろいろ勝手なルールが入りこんできて、さっぱりわからなくなる。数学もまったく同じだ。

はっきりいうけど、いわゆる高度な数学はもう手で触れられるような数を扱うものじゃない。文学でいえば、幻想怪奇の文学と同じで、お化けが出たり、神様が現れたり、まだ行った人が誰もいない宇宙のことを書くSFがある。数学も、自然主義や実証主義の秩序ある数ではなく、ウソや仮説や、どう見ても数ではないような「架空の数」も必要になった。そう、現実に感じることのできるものや、秩序がはっきりした数じゃない幻想怪奇、お化けや宇宙人みたいなものを出さないと処理できないような世界になった。

つまり、フィルムで撮った実写映画と、アニメと、『スター・ウォーズ』みたいなSFX系の映画とを一緒に観せられていると思えばいい。しかも、この幻想怪奇系数学は、ことばのようにふつうの世界じゃ出てこないし、もともと触れるようなものではないから、ふつうの人は道具として使うチャンスも必要もない。

だから、わからなくても悲観する必要はない。これを道具として使わなければならなくなったら、誰でも本気で勉強できるようになる。

そういう勉強は、チャンスを待てばいいのだ。

超むずかしい数学でも、お化け映画と思えば興味津々

たとえば、割り算してみるときりがつけられない数（割り切れない数）が見つかる。幅2メートルの土地を三等分したときの各幅は0・666……となり、どこまで行っても区切りがつかない、なんて場合だね。そこでこの奇妙な数もきっちりと表せるあたらしい数、分数が発明された。

つまり、数の化け物をとりあえず設定して、それまでの数字になかった新語をつくれば、割り切れない数でも現実世界で使えるようになる。このあたらしいコンプライアンスに制御された数は、「有理数」と名づけられた。その新文字こそが分数だ。3分の2というやつだね。この分数、今だってパソコンで書きだそうとするとワンタッチで書けないでしょ。まだパソコンがバカである証拠だ。

しかし、数学も文学や美術と同じように大発展する。

たとえばピカソやマティスみたいな現代アートを、ちゃんとした美術と認めなければ、今の

美術はありえなかったと思うでしょう。数学でも、ピカソ級の異質な数が見つかってしまった。このあたらしい掟《おきて》破りの数が登場したのは、つい最近ではない。むかしからあって、代表的な例が円周率π（3・1415……）や√2（1・4142……）などだ。どうやってもスッキリした数字で表現できないから、πなどという数字以外の記号を用いるしかなくなった。これを「無理数」という。自分で無理だと宣言している数の記号だ。

無理数とは英語で「irrational」、訳せば不合理となる。無理というより、「ムチャ」と訳すべき数だったと思う。でも、これで不合理な数というヘンテコな数もルール内に含められるようになった……と思ったら、まだまだ不合理を超えたありえない数、数ともいえない数があらわれた。その最たるものが「虚数」、つまりウソの数だ。数学はついに、ウソの数も創造するようになり、この純粋に人工的で空想的な数学世界をつくり直すために、コンプライアンスを大幅に変えた。ウソもOKと！

それとよく似た現象が現実世界に起きた実例が、「ヴァーチャル・ワールド」というわけだ。しかも現実世界には、ウソとホントの両立ができるあらたなルールやマナーが整えられていない。

詐欺も欺瞞《ぎまん》もやり放題の世界でコントロールする「道」が見つからない。その結果、人々の思考やコミュニケーションの道具となる言語や記号の混乱が起きる。世界が「ウソ化」したのに、現実世界では数学における虚数みたいな「ウソOK」という新ルールができていない。これが問題の本質なんだと思う。

ソーカル事件も、ソ、ウ、か、と思える

とするならば、数学のように大胆で革新的な情報や知識の管理ルールの変更が、現代社会でも必要になるにちがいない。では、そういうものはできるのか。AIの登場で情報社会の進展がおそろしいほどスピードアップした今、もう老齢に達した元情報エンジニアのわたしに妙案はない。だが、こういう時代に自分の身を守り、しかも少しは意味のある新思考の実験くらいはできるかもしれない。

そんな身の守り方は、すでに現実でも実験されている。その一つが有名な「ソーカル事件」だ。わたしたちはだまされないためのお守りとして、この事件を覚えておくといいだろう。

この事件は1996年に起こった。基本的にいうと、知識は思考をめぐるモダン派vs.ポストモダン派の論争だった。

従来の発想を批判するポストモダン派の某雑誌が、「科学の客観性などというものは一種の迷信」という主張がほんとうであることをモダン派に思い知らせるために、物理学者アラン・ソ

ーカルという人に「境界を踏み越える」という論文を書いてもらった。この論文はとても慎重に、生真面目《きまじめ》な学者の書きっぷりをもって、「じつは科学者の多くは今、観察が可能で、ちゃんと信用できる物理世界というものを信じ切れなくなってきている」という反省めいた内容だったが、静かな口調で語ったので、これに多くの人がだまされた。

もちろん、科学界では旧来の確固とした物理世界でも、ときどき変な現象が起こるので、「よくわからない掟破りの部分がないがしろにされているかもしれない」という意見は出ていた。ただし、こういう「非数学的」な発想は、ちかごろ社会や文化の中で流行しつつある資本主義とか女権拡張とかいった運動に影響された部分も多分にある、としたのだった。つまり、昨日まで真実だった世界が、明日からは真実でない、あらたな世界になる可能性があるということらしいのだ。

そんな主張をこの論文で実証することが目的だった。いかにもほんとうらしく書いたデタラメ論文だけれども、多くの人がまじめに捉えて、そういうこともあるかもね、と同感したところで、ソーカルがいきなりアッカンベーをしてしまった。「あの論文はみんなデタラメだったんだよ。でも、君たち社会科学者はだまされた。つまり、君たちは科学の基礎知識も知らずに科学を批判してただけじゃないか」というわけだ。

むろん両陣営のヘイトスピーチ合戦になった。大人気ない話だったはずが、両者ともに学者だったので、喧嘩《けんか》がマジになってしまった。

そもそも人間は、社会で暮らす共同生活の動物として存在する。その基本は、得た知識や見つかった問題解決法を共有し、共存をはかることだった。これがコンプライアンスの基本であって、この本丸が情報の暴走や知識の悪用で破壊されることは、本末転倒《ほんまつてんとう》といえる。たぶん必要なのは、無尽蔵に増殖する情報や知識の重圧と束縛を跳《は》ねのける**「賢人の視線」**なのだろう。それを古めかしいことばで**「英知」**と呼んだ。

じつはこの概念には**「叡智」**というさらに古めかしい表記もある。一般的に使われる「英」には「はなぶさ」という読み方があるように、美しい花を指す。転じて「優れた」の意味ともなり、「優れた知」をあらわす。いっぽう、叡智のほうだが、「叡」は、パソコンのＡＩが教えてくれる説明によれば、「叡《かく》」と「目」から成る会意文字（複数の漢字を組み合わせてあらたな意味を持った漢字のこと）だという。つまり、何事にもその本質を見透す視線、あるいは洞察力のことだ。

この「叡智」をどうやって育てればいいのか。

歴史に見る「叡智」の実例

実際、混乱の時代にそうした「見通す目」が生みだされた事例が、過去にも発生している。たとえば18世紀には「啓蒙《けいもう》」という、自分の精神を守る方法が提唱された。これは中世世界を蔽《おお》った「無知」からの脱出法だった。

無知は人を貧しく、不幸にするそうだ。とりわけ、西洋ではキリスト教会による「スコラ哲学」が、知識の正しさやその有効性の基準を「聖書」に置いたのが大問題だったけれど、そのほかはきわめて細かい研究を進めたにもかかわらず、異説（正当とされた意見と異なる個人独自の考え方）を容認しなかったせいで知の進歩が妨げられた。

これをひっくり返そうとしたのが、覇権を握る各国王族と、その下で発展した人文主義者や啓蒙思想家だった。

ルネサンス期に勢いがあった人文主義は、教会の公用語だったラテン語以外に中東で栄えたアラビア科学や哲学（このルーツは古代ギリシア）を復活させ、ラテン語一辺倒の知識体系を刷新させている。つづいて18世紀には欧州各国語によるあらたな思想をもとに啓蒙主義が生まれた。「啓蒙」とは「闇（無知あるいはラテン語従属）を祓《はら》う」という意味で、その結果、欧州各国で**「自由思考家（フリーシンカー）」**が生まれた。自分で考えることが、闇を祓う力となった。

ところが今、情報は混沌とした雲のように重く、人々を押しつぶそうとし始めている。「啓蒙」の時代は「教養」が闇を祓う武器となった。でも、今は教養では解決がつかないほど情報の圧力が強まっている。超人的な叡智が求められている。

そこで、この本では、「これまでになかった斬新な発想法」に期待をかける。その力は、すでに昔ながらの教養思想や哲学で鍛えられた「知のコンプライアンス」を一歩進めた方法であって、「無知」から脱出する**「未知への挑戦力」**といってもいい。現在の正論や定説をいったんゼロに戻し、あらためてその反対思想ともすり合わせてみる。

アインシュタインが「思考実験」と呼んだ方法にも近いけれども、それだけにとどまることなく、地上の生命を進化させてきた地球、あるいは自然のシステムとも照合する。自然のシステムは頑丈に定まっていた古典的地球観から発展し、今は、偶然や不定、揺らぎ、不確実性といった**「未知の創造力」**にまで広がっている。

先が見えないといわれる現代だけれども、地球や生命自然の探究でさえ、「わからないもの」「偶然的なもの」「不確実なもの」の探究に向かっている。その成果を少しいただいて、思考の未来の在り方を探ってみよう。

わたしたちの常識をひっくり返してみること。そこから生まれるあらたな試論は、情報重圧に挟まれた状態を跳ね返せるかもしれない。

目次

第2章

日本語という化け物を問い詰める

第3章

AIに勝てる勉強法

第4章

偶然がおとずれてくれる勉強法

第5章

やっぱり情報整理なんていらない

第6章

勉強を高尚なものにしない

第7章

苦手な勉強を楽しくする「魔法の力」

第8章

自己承認欲求に負けない「あきらめる力」

第9章

最強の「勉強法」は読書、場所はトイレと風呂と喫茶店

第10章

「人生丸儲け」と、「間違える権利」

第1章

脳にかかったクモの巣を払う

――0《ゼロ》点主義のすすめ

0点には2種類ある

最初に書いておくと、これは一種の「ことばのデトックス」といえる方法かもしれない。題して、**ゼロ点主義**。0点の成績を取りつづけることでたくわえられる「知の力」というものがあるのだ。

「0点」といっても、試験で答案がまったく書けなかった結果としての「成績ゼロ点」だけを思い浮かべてはいけない。知らないことは答えがだせないと正直に答えるパターンで、多くの学科テストや筆記試験は、知っているかどうかを確認するための、いわば人の知識力を試すものだ。

そこで取る0点は、単に本人の勉強努力が足りないせいにすぎない。したがって、こういう0点を解消するのはごく簡単で、すこし本気になって教科書や参考書を読むだけでよろしい。お母さんに尻でも叩いてもらうか、または最後の一夜漬けでも、かなり対応できる。

しかし、別のタイプの0点もある。そもそも答え自体がないという問題だ。この場合は自分の力で答えをつくりださなければならない。試験問題というよりも、課題解決というべきものだから、正解がまだ決まっていない。つまり、設問に解答するのではなく、課題を解決しなければならない。

ごく簡単なたとえ話で説明しよう。自分がプロ野球のピッチャーになったと仮定してほしい。課題は、相手の打者からアウトを取ること。さあ、どうする?

もちろん、答えはたくさんありうる。剛球投手ならストレートで三振を狙うし、変化球が得意ならクセ球で引っかける。あるいは相手の裏をかく心理学を応用した配球術でもいい。正解は、課題が解決できた戦法となる。どちらにしても、自分の力がもっとも的確に発揮できる方法を自分で考えることができるかどうかが問題なのだ。これはなかなかの難題だが、今の世の中の実情は、むしろ課題を解決することのほうが求められる。

もっとも、この課題解決能力があるかどうかを試すには、予定された正解をだすタイプの試験問題でも事足りる。最近はテレビのクイズ番組でも、この種の出題が非常に多くなっている。答えがすでに決まっているけれど、出題の段階でどういう答えをだすか、その方法を回答者に任せるのだ。いわば、答えが三振を取ることだとして、相手となるバッターの弱点だけを伏せて出題する方法といえる。

たとえば、剛球を投げられるとまったく打てないバッターが打席にいるのだが、その弱点は伏せられている状態だ。その場合、ピッチャーはどんな球を投げるか選択しなければ課題が解決できない。おれは剛球投手だから直球勝負で、とはならない。それで相手のバットの振り方を偵察するためにボール球を投げる。直球のボール球に食いついてくるようなら、ストレートは回避する。次にカーブで同じようにバッターの様子を見る。このようにして、剛球ストライクで相手を仕とめるという最適解を探りだすのだ。

この最適解をだすには、記憶による蓄積という正攻法も有効だが、はじめてのバッターでは役に立たない。残るのは推理力だけ。相手は人間だから、少しずつ誘いをかければ、どこかで乗ってくる可能性がある。この手段、ときには心理学やだましのテクニックも必要なので、心理学的な推定法も身につけていなければならない。身振り、表情、ことばの順序などの情報を総合して、相手を三振に取る方法を決める。つまり決め球を選ぶのだ。俗にＩＱが高いといわれる人は、しばしばこのような知識や力以外の情報分析能力で勝負できる。

昨今、テレビのクイズ番組でもこの形式の質問が使われる。

たとえば、

かたち
いたち
せんち

という三つのことばの中で、一つだけ異なることばがあるが、それはどれか？　その理由も示せ、といったような問題だ。

そこで、まじめな人は考える。

形（かたち）、鼬（いたち）、糎（せんち）？？？

図形と動物と尺度の共通点？？

記憶のかぎりを尽くして、その色や、形や、語源などを照らし合わせる。でも、そもそも「一つだけ異なるものを選べ」という設問がクセ者なのだ。バッターがどの球を狙うかを教えてくれない。

じつは、求める答えはことばの内容ではない。ことばは内容が命という先入観をうまく利用しているのだ。それでも正攻法で気がつくのは、「せんち」だけは外来語であるという答えだが、これも「戦地」という日本語にもなるので最適解といい切れない。

だが、やがて発想の転換に成功した人から、とんでもない答えがでるだろう。そう、答えはことばの内容ではなく、外形にある。発想を転換したとたん、「二つが同じで一つが異なる」という問いがそのまま答えを誘導してくれるヒントだと気がつくからだ。答えは「せんち」。理由は、ことばの2音目がほかと違うから。たしかに、せんちだけは2音目がほかと異なる。1音目はすべてバラバラで、3音目はぜんぶ同じである。

これは、まさしく心理学的な設問といえる。一般の人は、ことばの意味や成り立ちを訊《き》かれたものと理解してしまうが、これでは世界をひっくり返せるアイデアはでてこない。

この本がテーマにしているのは、ストライクを投げる筋力ではなく、相手を空振りさせる「決め球」の磨き方、つまり頭脳なのだ。そしてこういう頭脳的な投球は、ストライクかどうかだけの判定なら、ボール、つまり0点にあたる球である場合が多い。ひょろひょろ球でも急に変化してストライクになることもありうる。

そして、大人の実社会は、しばしばルールがはっきりしない世界であり、0点でも角度を変えれば、カーブのように正解をだせる価値が生まれる。

0点法で苦悩を救えることもある

そういえば、こうしたマニュアル的な反応の落とし穴に関して、思いだすことがある。社会人になって就職した会社のコンピュータ室でプログラマーの新人指導役を担っていたころ、どうしてもプログラムが自分の思うように動かなくて悩み、体調まで崩した新人がいた。でも、わたしは新人がよく陥《おちい》る「知の罠」FAQ（よくある質問）の本質を経験上知っていたので、そんなにあわてなかった。その新人が万策尽きて相談に来たとき、問題のプログラムを見て、すぐに「ああ、やっぱり」と思った。

そのころの会社にあったIBMの大型汎用コンピュータは、プログラムを自分で作成しなければならず、機械語で書いたプログラムをパンチカードに転写して、これを機械に読ませる仕組みだった。機械語は数字とアルファベットが主体の記号群となってプリントアウトされる。プログラマーはこのプリントを見て、自分が書いたプログラムのチェックをする。この新人は、何度も中身を読みこんでチェックするのだけれど、プログラムに間違いはないという。でも、機械がそのように計算してくれないのだった。

こんなとき、当時は次のようなギャグでその場を取りつくろうのが流行だった。「おれ、コンピュータに嫌われてんだ。いうこと聞いてくれない」と。それで、「どれどれ」と、プリントを見ると、案の定、思いこみの魔術にかかっていることがわかった。

かれは、自分がO（アルファベットの「オー」）のつもりで書いたものを、パンチャーは数字のゼロ（0）と読んで、そのまま打ちこんだのだった。ところが、自分はオーと書いた思いこみがあって、まぎらわしい0（ゼロ）の字を勝手にアルファベットのオーと信じこんだ。これではいくらテストしても、機械は働いてくれない。自分は正しいと思いこんだための読み間違いは、パンチカード時代にはしばしば発生したが、それがパンチミスによる入力違いであるとの推定をできなくさせていたのだ。

こうした現象は、情報操作の際によく発生した。まさに、思いこみの落とし穴にハマったといえる。

推理小説の開祖といわれる作家エドガー・アラン・ポーは、この落とし穴を「盗まれた手紙」という短編で取りあげた。

地図には細かい地名が文字でびっしりと書き入れてあるものだが、小さい地名でも案外に読み取れる文字の大きさになっている。ところが、大きなエリアをカバーする国名などの場合は、

図01　見つからない地名？ 地図に隠す暗号

推理小説の開祖といわれるエドガー・アラン・ポーは、暗号術にもたいへん関心を持っており、コードとしての記号的な暗号ばかりでなく、人間心理の盲点をつく秘密通信の隠し方にも目を向けていた。ここに示す地図は、明治40年（1907年）の東京、日本橋蠣殻《かきがら》町（地図では蛎売町と表記）の地図だが、各町名がその区割りを示すスペースの広がりに応じて飛び飛びの大きな文字で書きこまれているため、かえって読みづらい。この現象をうまく利用すると秘密通信にも活用できる。ためしに、この地図には「蛎売町」の文字がいくつか書かれているので、探してみよう。

大きな文字をとびとびに、それも間隔を大きく開けるのが習慣になっている。たとえば「アメリカ合衆国」の名は、広々とした北アメリカ大陸を横断するように、大きな活字でとびとびに並べると、かえって一つづきの地名と認識できにくくなる。アイデアの天才だったポーは、この生理的な「落とし穴」を活用して、暗号文を創造してみせた。まさに、人間の知覚の「盲点」を衝《つ》いたわけだ。

まずアマチュアになれ

実力は0点でも、「決め球」があれば、自分の人生はかならず開ける。この「決め球」を見つけ、磨きあげるには、ストライクを投げるだけの練習では意味がない。球を投げることのおもしろさに気づいて、さまざまな変化球を覚えるという別の選択肢が見つかれば、野球、いや、思考や情報を読み解く力は強化されるはずなのだ。

ついでに書いておこう。「好きなことを仕事にできるのは、特別な才能がある人だけだ」という人もいるだろうが、それは違う。好きなことを仕事にして失敗するという、一見するとネガティブな面もあるけれど、ただ一つの覚悟があればよいのだ。それは、失敗することに時間も経費もおしまないで楽しみにしてしまう、という覚悟だ。

もっとはっきり、失敗は金で買ってでもしろ、といいたい。なぜなら、失敗こそは「成功」の別側面だから。とくに若いころは、どんな失敗も安く買いたたける（重大な責任を負わされる可能性が少ない）からだ。おそれることはない、**若い時期こそは失敗体験のバーゲンセールで買い**

物ができる。

おそらく、この失敗する権利はＡＩには与えられないと思われる。そして、その体験が成功に結びつくためには、長い年月も必要となるだろう。失敗体験が歳を重ねて熟成し、発酵するまでに時間がかかるせいだ。だが、この体験の化学変化は、思考の量とスピードに特化したＡＩ型思考では達成されないだろう。人間が機械でなく生命であるという事実を忘れないように。生命は時間軸の中で変化できる存在だ。

現代の進化論では、生物の進化の歴史はＤＮＡを子孫に伝える際に発生するコピーミスにより、はじめて成立することを探りあてた。失敗すなわち変化や差異が生じることこそが進化の原動力だった。ＤＮＡを介する世代交代がいつも成功ばかりだったら、生命は変化することがなかったろう。だからこそ、ＤＮＡからｍＲＮＡへの遺伝情報の受け渡しという、わざわざコピーミスが起こりやすいプロセスを創出したのではないだろうか。

そうであるなら、人が開発した脳による認識や思考のプロセスにも、オスとメスによるエラー発生装置がしこまれていたはずだ。オスとメスが遺伝子の交換をおこなって子孫にそのコピーを受け渡すという、ほんとうに面倒くさい繁殖法を採用したのも、エラーが起きる可能性を担保するためだったと考えられるほどに。

ところで、好きなことは他人にいわれなくても自発的にせっせとやれるものである。こういう**好きなことを自発的にやりつづける人のことを、西洋では「amateur（アマチュア）」と呼ぶ。**学問することを心から喜び、いっさいの利益を期待せず、また自分の挙げた成果を他人とも無償で共有できる人たちだ。いっぽう、学問することで給料を支給され、論文を書くと学位を授与され、学会の権威ともなる専門家を、プロフェッショナルと呼ぶ。

これが「アマ」と「プロ」の本来の意味だったが、日本語ではとらえ方がちょっと違う。欧米では、どちらが社会的に尊敬されるかと考えると、「アマ」のほうだといえるからだ。日本ならば東大の教授あたりが最高のプロだろうが、**西洋で尊敬されるのは、じつは無私の精神で純粋に学問を愛するアマチュアのほう**なのだ。

ところが日本人が持つ「アマ」のイメージは、学問でお金を取れない「へたの横好き」、つまり「しろうと」だと思われている。それは違う。アマチュアは金を稼げないのではなく、稼ごうとしない愛好家のことであり、純粋に好きでものごとに打ちこむ人のことなのだ。たとえば野球でも、最初は好きでやるからみんなアマチュアだが、その中から特色ある人がお金が取れる職業選手に変わっていく。学問もまったく同じで、博士号があるかどうかが、その人の知識の正しさを絶対に保証するものではない。

だが、もちろんプロになることは悪いことではない。それになることで、好きなことの探究に時間と労力を注げるなら、それは便利なシステムといえる。わたしたちがまずめざすのは、知のアマチュアになることであって、もっと自由に楽しく、自分の世界や可能性がどんどん広がっていく「幸福」をめざすべきだと思う。学ぶとは、本質的に「ボランティア活動」なのだから。

では、アマチュアをめざす「勉強」とは何なのか？　試験にパスするため？　資格を得るため？　それじゃあ「仕事」だ。勉強って、本来はおもしろいからするのではないのか？

これをもっとわかりやすくいえば、**「遊び」こそがアマチュアの勉強**ということになる。

今、そのようなアマチュアが存在する領域は昆虫などの生物愛好家やスポーツ、ゲームの愛好家の別名として存在している。大人たちのことばにしたがって勉強する世界では、遊びが「人生の無駄遣い」と信じられた時代があったのだから、この両者は対立関係にすらなっているかもしれない。

成功しなければ幸せになれない。そのためには必死で勉強するしかない。そして、努力して能力を開発すれば、成功して豊かになれる。勉強しない者よりも、勉強した者が優位になる。多くの若者はそう思っているはずだが、それは半分しか正しくない。あとの半分はただの幻想、いや思いこみだと思う。

ま、本書ではそうした俗っぽいいい争いに首をつっこまないことにしよう。ただ、中国での勉強の在り方はすこしばかり参考になるかもしれない。

かつて中国には「科挙《かきょ》」という高級官僚選別のきびしい試験があった。この試験に合格すれば、一生が安泰になるため、試験対策につながることしか勉強しなかった。また、試験にパスするために、あらゆるカンニングの方法が考えられた。勉強とは、「テストに通る」というだけの行為に変わってしまったからだ。

見えない利益が存在すること

ストライクが取れることで「勝ち組」になった人でも、その一生が充実し十分に楽しめるものになるわけではない。毎日不安に押しつぶされそうになっている「勝ち組」はいくらでもいる。それって、ほんとうに幸せなのだろうか。むしろ、**成功したかどうか、勝ち組か非勝ち組かに関係なく、知的作業や暮らしのおもしろさに打ちこめた人こそが、一生を満喫した人**といえるのではないか。

では、勉強のアマチュアになれ、というのは、どうだろう。その人はおそらく、勉強が好きでたまらなくなり、定年後も生きがいを持ちつづけるはず。だから、たとえ勝ち組になれなくたって一生楽しく勉強していける。勝ち組になれなくても幸福や豊かさを実感できる。


勉強は知識を増加させるが、そのまま目的達成や幸福獲得を百パーセント約束するものではない。第一、努力をしても、思ったほど能力が伸びなかったり、他人や組織から評価されないことのほうが多いのが現実だ。それならば、いや、だからこそ、

「自分の好きなことを追求し、それが生きる喜びになる」

ということを最終目標に勉強をしたほうがいいのではないだろうか。わたしは幼児のころからそうしてきた。

第2章

日本語という化け物を問い詰める

バカになればニッチが見える

むかし、明治のことだが、日本隋一の学問府だった東京大学理学部動物学教室に優秀な学生が集まって、アメリカ帰りの気鋭の動物学者、箕作佳吉《みつくりかきち》教授の肝煎《きもい》りで顕微鏡やら解剖設備が三崎の臨海実験所に用意されて、動物の近代的な科学研究が始まった。当時の日本には動物学の科学研究をおこなう実験所などどこにもなくて、いわば最新科学の殿堂だった。

ところが、この研究室がマスコミから批判されたことがあった。

そうでなくとも、生き物の分類や研究は、山や海での道楽みたいな採集観察のイメージが強い。それゆえか変わり者が集まっていて、好きなこと、たとえば昆虫だとか海の無脊椎動物だとかを、子どもみたいに追いかけまわす暇人の世界という悪評を受けがちだったが、本格的な科学研究が始まると、やっている研究の意味がよくわからず、世間の見方はいっそう厳しくなった。たとえば、ある学者は何年もウナギの頭を解剖しつづけたり、ある学者はサンマの目玉ばかりをいじくりまわしたりといった、およそ理解不能な「戯《ざ》れごと」に熱をあげる、浮世離れしたマッド・サイエンティストだという具合に。世の役に立つ勉強とは思えないことに打ちこむ学者や学生が集まって、浮世離れした研究に大学の予算を使っていることはもってのほかである――というのだ。

これに対し、所長の箕作教授は世の中に毅然と反論した。

「科学というのは、生命の起源や発展という人類の大疑問を解明する基本的な学問なのだ。ウナギの頭、サンマの目玉と戯《たわむ》れているのでなく、そうした生態の細部を細かく分析して、生き物の起源を知るためのまじめな研究をするのだ」と。

このエピソードは、科学の研究が世間の目には異様にうつる、という実状をしっかりとあらわしている。実際、生命の起源の問題といった基本中の基本の謎に挑むことは、成果がすぐに出るような仕事ではないし、何かわかったからといって、すぐに立身出世につながるというものでもない。蝶《ちょう》やトンボを追いかけたり、動物の解剖をしたりしている学者の原動力は、生命の謎に挑戦する好奇心であって、**「知りたい」という純粋な「業」に根差した無私無欲のいとなみであるからこそ、純真な子どもの遊びと同じような「戯れごと」に似ている**のだ。

だから、その仕事が純粋なアマチュア精神に準じていればいるほど、「バカじゃないか」と思えてくる。いい換えれば、**他人から「バカだ」といわれるのは、むしろ名誉だ**とも思えることすらある。あのスティーヴ・ジョブズも、「何かあたらしいアイデアを出すなら、全員から笑われるような提案ほどよい」といったことは、このメリットを意味している。つまり、**「バカなことといってんじゃねえよ」という悪口は、「おまえの提案は新鮮だ」といっているのと同じ**なのだ。

そこで、この本の次のテーマである、**「バカなこと」が好きな人にこそ、ほんとうのチャンスがめぐってくる**、というお話に移る。バカとはゼロ評価のことだ。

この「バカ」というゼロ評価の意味する本質だが、このように考えれば前向きになれると思う。自分だけが好きなことで、しかも他人には関心のない対象ということは、要するに「ニッチ」＝〈多くの人にはあまり目につかない分野〉であるケースが多いのだ、と。

たとえ興味のあることが、すでにメジャーだったとしても、自分なりに突き詰めていけばそれはニッチなものになり、そのまま興味を深めていけばいくほど、ほかの人とは違う、個性的な知識、情報として自分の中に蓄えられていく。それが自分にとっての〝売り〟となり、最終的には、蓄積された知識は唯一無二の商品となって、その世界の専門家や評論家、場合によってはつくり手や発信者になるなど、「生業」へとつながっていく。つまり、「決め球」となるのだ。

そうなったらしめたもの。好きなことをやりつづけることで、何らかの成功と報酬を得られるようになるのだから。

この「決め球」が大いに有効になるのは、子どものころに好きなことを純粋に突き詰めた体験の質と量に関係する。

たとえば、ゲームにばかり熱中して、両親から「あんた、そんなことばっかりしているとバカになるわよ」などといわれた子どもも、社会人になったあと、それもかなりあとかもしれないが、世界有数のゲーム・デザイナーになっているかもしれないのだ。バカをやらなかったら、そんな可能性はまったくない。

高校や大学や会社のような点数社会では、ストライクが少ない人、0点とされて評価されなかった人も、その評価は何かをきっかけに一変することがある。その根拠は、たった一つだ。**0点を貫き、「決め球」を磨いてきた人には、かならずその決め球を使える〝大舞台〟が一生に一度はやってくる**ものだからだ。

それまで0点としか評価のしようがなかった**「異質な力」**は、あなたの人生のクライマックスにおいてかならずその威力を発揮する。そんなチャンスがめぐってくるのだ。しかも、そこであなたの人生のほんとうの価値が決まる。

バカになるには、勇気とリスクが必要

ところで、この際ハッキリいっておきたいことがある。「バカ」になる、純粋になる、ということには二つの壁がある、という事実だ。この本でも、最初、好きなことをつづけるにはモテないとか、お金が儲からないとか、いろいろ我慢しなきゃいけないことがあるぞ、といってきた。ここでは、あらたに二つの困難を追加したい。

あなたはこれを超えられるか？というわけで、第一の壁は**「勇気」**だ。あたらしいことをしたり、あたらしいアイデアを提案するには勇気がいる。勇気がなければ、あたらしいことはできない。

この問題も、人類は過去に何度か気づいていた。いちばん有名なのは、西洋の場合、ルネサンス期だ。このときに科学や新思想がいっぺんに爆発した。ガリレオが「地球は太陽のまわりをまわっている」という自説を発表したときも、命を賭けた。なぜなら、かれの前にも同じような新説を発表した学者がいたのだが、地球は動かないという定説を信じて疑わなかったカトリック教会から「異端」とされ、死刑になった人もいたからだった。

しかし、そのような勇敢な学者の犠牲を超えて、多くの人々が勇気ある意見を次々に出した。あたらしい学説を受け入れることは世界をあたらしくすると確信した人々であり、次のようないい方で「勇気」の大切さを説明した。

何か途轍もなくあたらしいものにぶつかったとき、人間は本能的に凍りつく。目を見開き、口を大きく開け、金縛りの状態になる。この状態を**「ワンダー」**という。これは真あたらしい出来事にぶつかった動物の「自己防衛」の本能である。そうでないと、相手に襲われるからだ。

ただし、この「ワンダー」で凍りつくがために、人間はあたらしいもの、未知のものを受け入れることができず、永遠に「ワンダー」のとりこになる。ワンダーとは、「驚き」とも「フシギ」とも訳されるが、ワンダーがきわまると「ワンダフル（フルはいっぱいにあふれるの意）」となって、〝すばらしい〟の意味になる。

凍りつくほどおそろしいワンダーが、どうやったらすばらしいワンダフルになるのか。それは、凍りついて金縛りになった自分を奮い立たせ、一歩、足を前に出すことだ。恐怖を克服し、ワンダーに立ち向かい、それを研究してみることだ。この**勇気こそ、世界をあたらしくする原動力である**、と。

そう、ワンダーなものと対面するだけの勇気を奮い起こすことが重要なのだ。

それから、ユニークな発想を出すときのもう一つの壁は**「リスク」**だ。あたらしいものは凍りつくほどおそろしいものだから、これに近づけば自分が滅ぼされるかもしれない。

自分が純粋なこころで考えたワンダーも、じつは悪魔がつくった「罠」や「詐欺」かもしれないと疑ってみることが必要だ。自分で自分をだましているのかもしれない。あるいは、自分が推したワンダーは、ただのガラクタであるかもしれず、せっかくの勇気も無駄になるかもしれない。それでも、このリスクを負わなければ世界はあたらしくならないというなら、まずは、自分がまともなことをいっているかどうか、自分を何度もチェックしよう。

混沌を解消する切り札、起源のことば

すこし大げさかもしれないけれど、ワンダーに一歩接近して常識を打ち破ることは、危険でおそろしいことだった。でも、今は違う。異端な意見を公表したからといって、ネット上で炎上するぐらいはあるかもしれないけれども、まさか火あぶりにされたりはしなくなった。とてもありがたいことで、誰もが安心して異なる意見や仮説に耳を傾けられるようになった。

そこで、さまざまなワンダー情報のさばき方だが、わたしはその真偽というか本質や起源があきらかになることを、最初の身元証明だと考えている。

身元証明！　そうだ、ワンダーがどんなにすごく見えようとも、その身元があきらかになれば、対処の方法がいくらか想定できるようになる。情報の身元とは、結局のところ「ことば」である。ワンダーを内蔵する「ことば」を解析することで、情報の発生源がわかるはずなのだ。

日本語を使っているわたしたちは、この母語を物語や教えの真偽をたしかめる試薬として使える。さいわいにも、英語には「語源学」や「そのことばが生まれた最初の使用例」を研究する学問が発達しており、英語辞書として有名な『ＯＥＤ（オックスフォード・イングリッシュ・ディクショナリ）』という便利な本もある。日本語の場合なら、同じく字源や最初期の使用例をピックアップした『日本国語大辞典』（収録語数50万、用例数１００万以上）がある。さらに、漢字に関する基本情報なら親字5万字、熟語53万語を網羅する『大漢和辞典』、そして、そもそもの漢字の意味を大胆に説明した白川静《しらかわしずか》先生の『字通』などがあるので、これら資料を調べ歩いて、日本語とは何かという大問題に通じる「日本語の起源」を推測することができる。

やり始めたらよくわかるが、**日本語ほど複雑で不思議でワクワクする言語はない**。とくに漢字は、象形文字のような造りなので、図像情報さえ含んでいる。それゆえに、辞典類だけ用意しておけば、少なくとも、多くの情報の由来や起源についてはおおよその見当がつくので、ぜひトライしてみてほしい。

みんなの興味を引くために、わたしが実際に味わった漢字字源の「叡智」について、恥ずかしながらお話しししたい。

法律の「法」という漢字は、古代では、この字を「灋」と書いた。おそろしく複雑な字だけれど、略字になった法の字にはまったく含まれていない叡智がある。だって、法律の法の字に、どういうわけでサンズイがあり、どういうわけで造りが「去る」という字なのか。いくら見ても、答えが出てこないにちがいない。

図02 「法」の正字は奇々怪々

灋

法律の「法」の字は、古くはこの図のように複雑な漢字であった。なぜこの字が、法律や正義を意味するのか、たとえば、なぜさんずいが使われているのか。この謎は、文字の中に埋めこまれた、ある神獣のことを知ってはじめて了解できる。くわしくは本文を参照。

ところが、古い字には、その字源がはっきり出ているからおもしろい。中国での本来の意味は「カイチ」と呼ばれた神獣で、竜や法王の仲間なのだ。その姿はなかなかにおそろしく、わりに「麒麟《きりん》」という神獣に似ていて、やはり頭に角が生えている。姿は化け物っぽいが、神獣というからには霊能力があるわけで、カイチはとても興味深いのだ。

この神獣は、法の正義を象徴する存在で、人間が法の正義をはっきり判別できない場合に、法廷に呼ばれる。たとえば、二人の容疑者がいて、どちらも犯人ではないと主張したり、一人の子をめぐって二人の親が奪いあいをするような場合に、カイチが登場する。カイチは両者を見つめたあと、法の正義を犯しているほうに角を突き立て、死罪を与える。ゆえに、「灋」という字は理略して「法」となる。しかし、この字は、造りにあたる廌の字だけでもカイチとして通用する。ならば、なぜ「さんずい」がついているのだろう。

この字源にかなり長く引っかかっていたところ、40歳のこ

図03　正義を守る中国の聖獣「獬豸《かいち》」の図。「訓蒙圖彙《きんもうずい》」（1666）より（国立国会図書館蔵）

本来は獬廌、あるいは廌とも書いた。この「廌」の字が統治の「治」と同音なので、法治の意味にも転じたと思われる。姿は麒麟に似て、一角獣のように長い角を生やしており、ふだんは水辺に住むと信じられた。しかし、王城を火災などから守る役目もあったようで、北京の紫禁城にもこの聖獣像が飾られている。

ろにやっと、大変なことを思いだした。大学生のとき、教養課程で法律学の単位を取ろうとした。初授業の冒頭、担当教授が、「手始めに今日は法律という概念の起源について講義する」と前置きし、見たこともないような画数の多い漢字を一文字、黒板に書いた。そして、その漢字を解読しつつ、物事の起源は漢字を解読するのがもっともいい、と結論づけた。わたしは教養課程の最初の授業だから、漫談みたいなバカ話だろうとタカをくくっていたのだが、漢字の起源をなんだか細かに語りだしたので、やっぱり漫談か、と、アルバイトの疲れもあって聞いていなかった。

　ところが定期試験のときに、予想もし

図04　韓国の聖獣「ヘテ」像

中国の獬豸と同系列の聖獣と思われるが、その姿に角はない。むしろ狛犬に似て、王城の門に火災除けのまじないとして置かれる。この写真のように、李王朝の景福宮・正門である光化門にも鎮座している。中国の獬豸と同様に、善悪を判断し、法律や正義を守るが、ヘテの場合は禍《わざわい》から国を守る獣というイメージが強く、国民にも広く愛されている。

なかった問題が出たのだ。その怪しげな漢字が出題され、この漢字の発音と、意味を書けときた。

あ〜、あのときの漢字だったか、と嘆息したが手遅れだった。

それでもまったく読めなかったので、いつまでも気分が悪かった。それがまわりまわって30年後、折から起こった風水ブームのおかげで、わたしのところに風水関係の講演の依頼が殺到した。そして、沖縄で風水の講演を引き受けた際、「ヘテ」の話が出てきたのだ。沖縄では、ヘテは防火の神であった。いわゆるシーサーのことだ。シーサーといえば、沖縄の獅子像がどこの赤瓦屋根にも乗っており、土産として買って帰るお客も多い。シーサーは獅子の意味だから、その姿は「ライオン」のようにみえる。

でも、屋根に乗っているのは火消しのまじないである証拠だ。たぶん、本土で鯱《しゃちほこ》が屋根に乗っているのと同じなのだろう。しかし、中国では、家を火災から守る神獣は、家の前や門の前に置かれるのが習慣だから、ちょっと心に引っかかった。そしてさらに数年経ったとき、わたしはとうとう発見したのだった。あのとき大学の法律の授業で黒板に書かれた漢字を。

その謎は、わたしが風水を研究したときに韓国の首都ソウルで、李王朝時代の王宮の光化門そばで火事除けの神獣「ヘテ」の石像を偶然に見つけたおかげで解明できた。そのころ、日本でまだ誰も関心を持たなかったが、フランスでは中国の占術であるこの風水が大ブームになっていた。わたしは東洋風オカルトの一つとして興味を持ったのだが、まさか、あれほど人気になるとは予想もできなかった。

とにかく、光化門は韓国の名建築の一つで、王宮の正門でもあり、李王朝の威厳はこの門から首都に流れていき、国を守るといわれた。その門を守護するヘテこそは、中国でカイチといわれた「法の守護神」そのものだったので、驚いた。しかし、韓国では火災を防ぐ神獣。なんでも、水辺に棲む生き物だったので、火が出たら水を発して王宮を守ったのだそうだ。前述した通り、日本でいうなら鯱《しゃちほこ》だ。

それで、その「ヘテ」というのはどんな漢字を書くの？と尋ねたときに、書いてもらった漢字の一つが、

「灋」

だった。

つまり、中国で「カイチ」と呼ぶ聖獣は、韓国の「ヘテ」と同じものを示していたのだ。これでカイチがさんずいである理由もはっきりした！　水辺にいて、火を防ぐ獣でもあったからだ。そうして、カイチが「法」となり、法律の意味となったのだ。わたしにとっては、大発見だった。いや、古代の叡智の探究はこれだからやめられない。おかげでわたしは、神社にいる狛犬や稲荷のお使いという狐についても、大きな興味を抱くことになった。

どうです、みなさん。このようにして学ぶ法律の字源なら、段違いにおもしろくなるでしょ！　だめだといわれても、勉強したくなるでしょ！

日本語を疑うことに始まる

さあ、次はもっとすごくなる。日本語を疑うことからスタートする日本の歴史の研究を始めてみよう。最初に、日本語の不思議な成り立ちについてお話しする。日本語ほど、場所によって使い分ける言語もないだろう。男と女のことばが違うことから始まって、学校と社会とでも使用法が異なるケースが、ほんとうに多いのだ。

わたしは作家が本業だから、いつも、日本語はすばらしい、と信じていた。これをマスターするのはとてもむずかしいけれども、とにかく表現が多種多様、歴史的にさまざまな言語を吸収したり、改変したりしてきた成果のたまもので、表記法にしても、漢字はもとより、ひらがな、カタカナがあり、また敬語や文語をはじめとして外国のことばに見られない多くの表現方法があり、それらをみごとにミックスして日本文が成立している。わたしは本気で日本語を、どんな言語よりも完成度が高いと信じていた。

大学を卒業して、日魯漁業（現マルハニチロ）という会社に入社してから、自分の叡智の環境がまたも大きく変わって、いよいよ日本語がおもしろくなってしまったのだから、ラッキーだった。この幸運のつかみ方もあとでくわしく書くので、今はとりあえず日本語を勉強することからお話しする。

新入社員になって、はじめにぶつかった衝撃は、社内回覧の文書だった。

わたしは大学生ですでに英米の幻想小説やSFを翻訳していたので、日本語に自信を持っていた。それで、部長から、「こんど新入社員歓迎会をするので、その案内文を書いて社内にまわせ」といわれた。ここぞ自分の文才の見せどころと、聞いて心地よい美文をがんばって書きあげた。それを課内の先輩に見せると、予想外の返事がかえってきた。全員から、「これじゃだめだ。だいいち長すぎるし、意味のない装飾語がやたらにつながっている。こんなもん、読んでる暇はないぞ。ひと目で趣旨が伝わるように書き直せ」と突っ返されたのだった。

何いってるんだ、これでもわたしは、新人サラリーマンながら翻訳を商業誌に寄稿するプロなんだぞ、と、プライドが許さなかった。「そこまでいうんでしたら、どういう文ならいいのか、サンプルを見せてくださいよ」と反論したら、隣にいたベテラン女子社員が文章のお手本を見せてくれた——。

「本日午後6時より、上野公園にて新入社員歓迎会を実施いたしたく。なお雨天中止」

と、これだけだった。しかも、「実施いたしたく」で切るなんて、手抜きだ！　わたしは眩暈《めまい》を感じた。これって、うつくしい日本語でも何でもない。ただの手抜き、省略もはなはだしい、電報みたいな悪日本語じゃないか、と。するとベテラン女子社員がクスクス笑いながら教えてくれた。

「あなたね、オフィスは読書室じゃないよ。いいわね、社内でまわす回覧は電報やテレックスを打つときにも便利な、とっても短く省略したビジネス用語を使うの。まあ、これからはテレックスや電報を書かされるから、とことん短くした日本語を学びなさい。ほら、○○いたしたく、って、あるでしょ。これ、○○いたしたく、よろしくお願いいたします、っていうあなたの文章だと、読むのに時間がかかるし、だいいち電報で打ったら13字も多いじゃない。会社の大損害よ」

新入社員は、日本語のおそろしさを痛感させられた。社会には「ビジネス語」というべき変な日本語も使われているのだ。日本文学直伝の我が美文が拒否される世界が実在したなんて！

そのころの日本ではまだ、ギャル語みたいな秘密結社めいたとんでもない日本語はなかったが、江戸時代には旗本ヤッコのやくざことば、たとえば「何いってやがる！」という短く口汚い江戸ことばや、「あたしね、そんな気持ちは知らなくてよ」などと「〜てよ」をつける女学生ことばなどはあった。一説によると、こういうお国ことばは、よそ者かどうかを判断するために開発されたともいう。

だが、日本語のワンダーは、さらに追い打ちをかけてきて、わたしの心をずたずたにした。今度はコンピュータのほうから襲ってきたのだ。無事に入社できたわたしは、大好きな魚の研究でもやろうかと楽しみにしていたが、この会社でもコンピュータ社会に対応すべくＩＢＭ大型汎用機を導入することとなり、新入社員６人が最初のコンピュータ要員に指名されてしまったのだ。

ＩＢＭ大型汎用機ＳＹＳＴＥＭ／３６０といっても、今の子には「何それ？」と不思議がられるに決まっている。ところが１９７０年代では、世界でもっとも仕事ができる〝超大型〟コンピュータだった。そのころ始まった銀行でのクレジットカード決済やら国電の座席予約システムなんかは、このＩＢＭ機が出てやっと一般的になったほどだ。そんなコンピュータが自社にも入ってくるなんて驚きだったが、その操作係にわれわれ新入りが狙われるとは……。

そこで、ＩＢＭが実施しているコンピュータ要員の選出試験なるテストがおこなわれて、新入社員から要員を選びだすという。わたしたち新入社員はそんなおそろしい部署に配属されたらたまったもんじゃないと青ざめて、テストに合格しない戦略を立てた。考えたのは、今思うとすでに０点主義の方法であった。思い切りめちゃくちゃな答えを書いて、０点を取ろうとしたのである。

しかし、さすがは世界最先端を走るアメリカの大会社だった。日本人が常識とするまじめで紋切型の回答を期待したのでなく、なるべくユニークな感覚を持った人を選びだすのが目的だった。わたしはその罠にはまったらしいのだ。選ばれた5人と顔を合わせたとき、全員が一癖ある、あまりサラリーマンらしくない面々だったから、みんなで「ＩＢＭにやられたぞ」と悔しがったのだった。

そんな面々がコンピュータ室に正式配属されたのは、昭和46年の春だった。わが社でコンピュータを扱える先輩は一人もいなかった。当時のＩＢＭマシンは、パソコンとはまるで違う。まず、計算機が一台でも目の玉が飛び出るような値段であり、とても個人が買えるものではなかった。だいいち、コンピュータを置く場所の広さが違った。プロセッサーだけでなく、プリンターも磁気テープ読み取り装置も、コンソールも、とても大きくて、広いスペースが必要だった。

しかも、コンピュータに指令を与えるプログラムは、ぜんぶ自分でつくらなければいけない。そのプログラムも、自分でパンチカードに穴を打ちこみ、束にしてカード読み取り機に読ませねばならないのだ。大きなプログラムになると、数千枚のパンチカードとなる。うっかり床にばら撒《ま》いてしまうと、それを順序通りに再セットするのがひと騒動で、何度も泣きそうになった。

その場合、今のパソコンとのいちばん大きな違いといえば、使えるメモリーの少なさだった。何億円もするコンピュータなのに、最初に導入したＩＢＭ３６０は、使えるメモリーが数千バイト！　通称「にごろ（２５６の意味）」といって、だいたい２５６バイトでプログラムをつくるのが標準だった。けっして数百メガとかギガじゃないのだ。したがって、プログラムも、なるべくコア・メモリーを食わないように小さくしなければならず、せいぜいが数百ｋで組みあげねばならなかった。なので、プログラム言語は、コボルみたいに英語を使えるものもあったけれど、そんなもんで組んだら動かない。１ｋ単位でコーディングできる機械語、アセンブラーというものを使うしかなかった。

だから、ここでも「長たらしい」プログラムは書けない。おまけに、プログラムを使うときも、しゃれっ気を出して、marikoとか、aichannとか、ガールフレンドの名前をなぞったりしがちだったけれど、そんなわかりやすいネームをつけることも禁止された。教師役のＩＢＭから派遣されたシステムエンジニアから、「ネームをつけるなら、そういう日本語じゃなく、m129とかsub001といった記号を使いなさい」と指導がくる始末。

当時は今のようなＭ＆ＡとかＳＤＧｓなどのアルファベット名を使う習慣はなかった。ＩＢＭなんぞ、おそらく頭文字の名前の開祖だったのではないだろうか。ＢＢＱなどといった表記も、日本ではまるで通用しなかった（そういえば、W.C.という語だけは例外だったが、たぶん御不浄だとか厠《かわや》〈便所〉というのを恥ずかしく思う人々が使った暗号の一種だったのだろう）。でも、コンピュータ言語はそういう新日本語を強要した。それでコンピュータ言語にあっても、わたしたち若い社員は、指導員の目をかすめては、「baka01」や「hagedebu」などといった先輩の悪口日本語をひそかに紛れこませて、鬱憤《うっぷん》をはらしたりした。もはや会社では、文学をつづるための美しい日本語なぞ、出る幕がない時代に入ったのだなあ、と、大型汎用機の深夜作業をしながら、窓から見えるビル陰の月に涙したこともある。

しかし、こういった遊びの気分も、入社10年ほどにもなると、いよいよパソコンの登場によって一掃されることになった。いろいろな制約がなくなり、使えるメモリーもどんどん増え、文字通りのパーソナルになった。そのうち、いわゆるアプリも充実し、ワードプロセッサーもいよいよ実用段階に達した。これなら、日本語も英語ばりにタイプで打てて、文書もデジタル化が実現しそうな気配になった。プログラムが組めるという特技があれば、食いっぱぐれはない。ならば、しばらく文学に戻っても大丈夫だろうと考えて、機械語から一般言語に乗り換える決心をかためた。こうしてわたしは昭和53年末に社を辞し、作家として独立した。

勉強法の究極は、偉い師匠に弟子入りすること

職業作家になってみると、パソコン技術の進展とともに、「ワードプロセッサー」という商品が作家間でも話題になりつつあった。

わたしがプロ作家になれた理由は、機械化という問題にあまり敏感でなかった出版界で異質の活動を展開しておられ、このワープロに注目した先達であった紀田順一郎先生の導きがあったおかげだ。やはり、持つべきものは師匠だ。

当時、新進気鋭の評論家兼翻訳家として売りだしていた紀田先生は、まだ「検索」などという情報探索が世の中に知られていないころから「アナログ手作業の情報検索システム」を紹介され、システム手帳の開発にもたずさわり、それらをワープロパソコンによるデータ検索にまでアップする可能性に注目されていた。

この大師匠の知己《ちき》を得たきっかけは、わたしが欧米で流行の兆《きざ》しがあった幻想怪奇小説の愛読者だったことだ。小泉八雲の『怪談』を訳した翻訳家、平井呈一先生とは、二人ともに師事

していた関係があり、平井先生が次世代の文筆家で頼りがいのある先輩として、わたしに二人の方を紹介してくださった。一人が紀田先生、もう一人が紀田先生の大学の友人で、のちに『週刊少年マガジン』などのマンガ雑誌で冒頭を飾るグラビア特集の執筆者となった大伴昌司《おおともしょうじ》さんだった。

いわば怪奇文学の縁で知り合った先達だが、大伴さんはまだ30代という若さで亡くなられた。しかし紀田先生は、ほぼ60年変わらずに、わが師と仰ぎ見ている。

紀田先生は単なる文学者ではない。当時は石油会社にお勤めだったが、会社勤務と文筆活動をこなす中で、時間を有効活用し、文書資料の情報を効率よく管理する必要があった。日本石油（当時）の子会社で貿易実務を担当する関係で、まずタイプライターを見よう見まねで覚え、文書の機械化に目覚めて、昭和39年ごろから情報の新技術を研究し始めた。これが、ワープロの世界に入られたきっかけだ。

紀田先生の場合は、読書や近代史の資料をすぐに参照できるようなシステムの導入が必要だった。なにしろ古本を一万冊も所蔵されていたので、この中から必要な記事をすぐに引きだせる方法がどうしても必要だった。

そうした情報整理の研鑽が大きな成果をあげたのが、奇しくも会社勤めを辞められてプロの文筆家として独立された昭和39年だった。同じ年に、読書界を驚かす最新の情報技術を紹介す

図05 紀田順一郎著「現代人の読書」(1964)

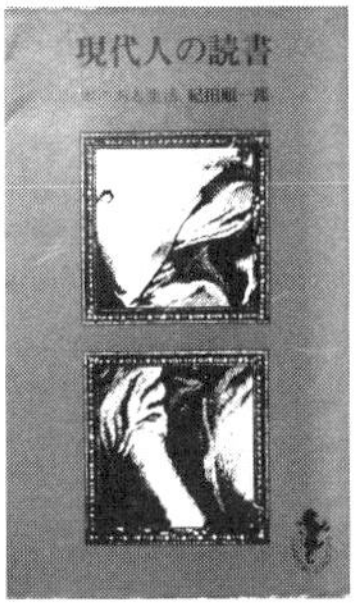

戦前は教養をやしなう営みであった読書を、「知的生産の技術」として定義し直した新時代の書籍。したがって、中身は当時流行したカードによる情報管理法から書物の修理法まで、書斎ライフの充実を図れる知識を懇切丁寧に伝授して、評判となった。

る名著『現代人の読書』が出た。この本の中で、たくさんの雑誌記事や抜き書きメモをB6サイズのパンチカードにメモし、必要なときにカード群から機械的に抜きだす方式が紹介された。

その仕掛けとは、カードの四隅にパンチで穴をあけておき、この穴に切れこみを入れて、カード内の情報を分類できるようにするものだった。カード上に20個あけた各穴に対して、記事の内容、たとえば「事件」とか「新商品」あるいは「海外情報」などと意味づけするために、該当する穴の端を切り取ってしまう。その後、作成したパンチカードの束に戻す。そして、参照が必要になったら、パンチカードの穴に金属棒を通して、カード全体をゆすってやると、穴の支えを切られたカードだけが、はらはらと落ちてくる。

なんともアナログ感あふれる検索ソートシステムだけれども、このB6カードは、丸善に行くと、すでに発売されていたのだった。

この方式を提唱したのは、京大教授で大阪の国立民族学博物館長だった梅棹忠夫《うめさおただお》さんだった。ゆえに「京大カード」ともいう。

梅棹さんは昭和45年の大阪万博でも活躍され、未来学の主要人物でもあった。この京大カードは梅棹さんの名著『知的生産の技術』（岩波新書）で紹介され、情報検索の技術が求められ始めた1970年代後半には広く活用された。知の技術の革新を情報整理学にあると考え、あたらしい勉強法を紹介したこの本を一読して、「ああ、これこそ叡智を獲得する擬態的な方法だ！」と確信したことを今も覚えている。読書家がいつも苦労する記事検索の機械化を「これからの読書家の必須技術」と明言したことは、情報氾濫《はんらん》の未来への警告という意味もあった。

わたしも紀田先生のあとを追って、さっそく京大型B6カードとソーティング・バーを買い求め、手づくりの記事検索システムを導入した。その残りものを今でも保存している。

師匠発見のあとは、勉強を「工学化」する

わたしが会社を辞めたあと、紀田先生のお供であちこちの「情報技術」開発者をたずねることになった。

だが、何といってもショッキングだったのは、紀田先生といっしょに大阪万博跡地に建った国立民族学博物館で梅棹忠夫館長と対話したときだった。梅棹さんはひとしきり、まだ不完全でぎこちないワープロの改善などについて語ったあと、とつぜん、「それにしても日本語のたてつけは不完全もはなはだしい。こんなにシステム化されていない言語を、機械化しようというのですから、日本語の改良が先決でしょう」といわれた。梅棹さんはすでに、日本語機械化のために日常文章をすべてカタカナで表記するシステムづくりに挑戦されてもいたのだった。

それまで日本語はあらゆる書き方があって、完全に近い言語だと思っていたわたしは、この発言に衝撃を受けた。そのお話を聞けば聞くほど絶望的な気分になった。

紀田先生もこの指摘をこころにとめられて、こんどは、一時期日本中で使われた日本語ワー

プロ「一太郎」の改良計画に座長として参加され、魔物のように複雑怪奇な日本語の大整理を手がけられた。日本語はほんとうに地獄の怪物みたいなもので、一字一句を見ても、中国の漢字と古来の和語とがまじり合い、文法も、融通《ゆうずう》無碍《むげ》といえば聞こえがいいが、まことに変化の多い代物であると、嘆いておられた。

他国の言語にない特徴の一つは、漢字の横に振り仮名をつける「ルビ」と呼ばれる表記法だ。今は右横に振るのが常識だが、むかしは左右両方に二つの振り仮名をつける強者もいた。これを小さな字で打ちこむのだから、手間がかかる。だから、表記の機械化において漢字変換と同じように必要とされていた。

中には、振り仮名などは日本語のシステム不徹底から生じた無秩序の最たる例であるから、やめちまえ、という極論を発する人もいたが、現行法でも人名は漢字制限こそルール化されているけれども、その読み方のほうは千差万別。昨今は漢字の制限さえクリアーしておけば、読み方にルールはないということから、絶対に読めないというものまであらわれた。

人名の読み方は個人の固有情報であるから、これを廃止してしまったら、人名の発音を記録しておく方法がなくなる。日本語入力システムとして１９９０年代に名をあげた国産ソフト「ＡＴＯＫ《エイトック》」（ジャストシステム製）の監修委員会においても、紀田さんは座長としてこの大問題を討議されたと聞く。その解決法も、結局は辞書を充実させるしか手がなく、今のWord文書などもそうだが、たとえば「これら（此等）からいえることは」とカナ入力すると、辞書機能が働いて、「コレラからいえることは」なんていう変換文が出る。辞書を開いても、「みち」という入力に対し、未知、満ち、充ち、途、道、美智……と、ぞろぞろ変換されていく。さらに標準統合辞書に登録がある場合では、「満ち」と「充ち」の違いについても、「充ちは基準に達すること、満ちは一般的な用法」などとの解説までが提供される。

その意味で、日本語変換の技術がなんとか現在のような段階までたどり着いたのは、日本語と格闘した人たちのおかげだったといえる。

日本語の起源にさかのぼる大冒険

日本語がどれほど機械化しにくいものだったか、その苦闘の歴史をほんのすこしおしゃべりしたが、あなたもマイクロソフトのWord文書なんかを使って日本文を書くときに、そんなワンダーを実際に感じていると思う。

今ためしに、きわめて当たり前な日本語といえる「ふじさん」をWordで変換してみると、富士山、藤さん、不二さん、ふぢさん、富士山、不治さん、一二さん、などが出てくる。また「🗻」などという絵文字までがあらわれる。富士山がいちばん出現率が高いために、先頭にこの字が出てくる工夫もあるところからして、上に述べたような「地獄の言語」との戦いの成果と見ることもできるだろう。

それでも、よく似た「富士山」という表記とは、どうやって使い分ければいいのか。このソフトでは解決できない。また、富士で採れる、という意味の「富士産」と出したいのだが、このソフトでは一覧に含まれていない。どうにも使い勝手がよろしくない。

なので、ここからわたしたちユーザーの「原義」調査が始まる。

実例として、富と冨の違いから調べよう。「富」の語源は、グーグルのAIが探しだしてきた結果によると、形声文字（意味あるいは形をあらわす字と音をあらわす字が合併した漢字）の一例であって、「宀」と音符「畐（フク）」から成り立つという。宀というのはカタカナのウに似ているが、本来は「ベン」と発音する部首で、この形は祖先の霊廟など神聖な建造物をあらわすと、中国の辞書では説明されている。

いっぽう「畐」のほうは、酒の容器（酒樽、豊かさの象徴）をあらわした象形文字が合併相手となったものだ。この説明を信用すると、気高く豊かな不死の山というイメージによく合致してくるから、こういう表記を思いついた古代人は、なかなかの漢字使いだったと推定できる。

よくいわれる説で、ウかんむりは「富士山の上に人は立てない」ことになっていた禁足地をあらわすとされ、これを冨にした俗字のほうは、たとえば藤一族や富士に似た山が本家よりもへりくだる姿勢を表現するために、いちばん上の棒を取り去ったとも考えられる。こっちの「冨士山」は、もしかしたら本家に遠慮した表記ではないのだろうか。

というような起源の掘り起こしができて、ことばとしての富士山の由来が少しわかってくる。漢字は象形文字であるため、まさに「名は体をあらわす」ので、字源がわかるとあらたなイメージが湧いてくるようにできあがっている。

この一例でも、日本語のおもしろさが感じられる。たしかに機械化するには不都合千万かもしれないが、逆に機械に載せられない起源の秘密は、字そのものに含まれているともいえる。

じつは、わたしは字源情報に興味を持ってから、自分の苗字の意味が気になった。「荒俣」などという苗字にも、何か想像もできなかった情報が記憶されているのではないかと思い、白川静さんの『字通』などのおもしろい字源事典を引いてみた。すると、「荒」の字は、形声文字の「艸（くさかんむり）」と音符「巟（クワウ）」から成り、意味は「手つかずの土地」「あれはてる」のことと出ていた。白川さんはさらにはっきりと、この字は野ざらしになって長い髪の毛を乱した死骸の頭であるとしている。わたしはこれを読んで凍りついた。なんと荒々しく、おどろおどろしい光景を隠し持った漢字なのだろうか、と。

漢字はたしかに、情景をまざまざと再現させる「絵」だった。あなたも『字通』を引いて、自分の姓名の字源を調べ、文字が浮かびあがらせてくれる「光景」をながめてみるといい。わたしは講演に呼ばれたとき、漢字の話をする機会があるとかならず、「荒」の字の源の話をする。そして、まばらに髪の毛が残った大きな顔を指さすと、確実に笑いがとれる。

同じことは「大和ことば」という古日本語にも、よく当てはまる。たとえば、「よみがえる」という古いことば。このことばのイメージが思い浮かぶだろうか。たいていの人は、「お棺から起きあがる死者」、つまりドラキュラか木乃伊《ミイラ》男を思いだすことだろう。

では、このことばの成り立ちを探ろう。すると、よみがえるは「よみ・かえる」と区切ることができるとわかる。「かえる」は、帰る、または返る、還ると表記できるけれど、さて、「よみ」とは何だろう。日本史の大本である記紀神話を知っている人なら、ピンと来るはず。これは「黄泉《よみ》」のこと、中国で地下の世界を意味し、日本ではあの世として使用されたことばだ。ヨミ、ヨモ、そして闇（やみ）も、同源のことばとされている。

そこで、たちまちイメージが浮かぶだろう。暗い死後世界に、死んだ妻イザナミの亡骸に再会しようと地下へ降りたイザナギが、ふた目と見られぬ姿に成り果てたイザナミを見て逃げ帰り、この世とあの世の境を大岩でふさいだあと、みそぎをおこなって穢《けが》れを祓《はら》い、アマテラスほかの神々を創りだした神話を。「よみ」は、そのような神話を思いださせる力を宿していたのだ。

もっと例を出そう。古いことばであればあるほどワクワクする。たとえば、「くす」はどうだろう。薬のことを、古代では「くす」といった。薬で治療する医者なら、「くすし（薬師）」や「くすこ（薬子）」や「くすだま（薬玉）」、ついでにクスの木も「くす（楠）」。そして同じ源を持つ「くそ（糞）」も出してみよう。

では、質問。クスのイメージはどんなかな？　じつは「くそ」を出したのは、ヒントをあげたつもりだった。もっとわかりやすくいえば、「くさい（臭い）」も、仲間のことばだ。あなたはちょっと嫌かもしれないけれど、じつのところみんな臭いものだった。

薬の代表といえば、むかしは楠木だった。防虫剤にもなるし、血行促進剤や鎮痛剤にもなる。匂いがあって、気分を爽快にしたり、うつ病によいうえに、防腐作用もあった。あのつんとした香りで虫を追いはらう。あなたの家のタンスにも、樟脳《しょうのう》が虫よけに入っていたんじゃないかな。あの「樟」という漢字も、楠の木を意味している。樟脳をオランダ語でいえばカンフルだ。そういうわけで、このことばは光景でなく、香りを思いださせる。くさいは、薬である証拠だった。それで、うんちも匂い立つことから「糞（くさ）」と呼ぶ。

すこし品のない例を出したお詫びに、うるわしいことばにも触れてみよう。

「うつくし」はどうだろう。さっそく語源を調べると、「うつ」ということばがつく同類がたくさん見つかる。「うつわ（器）」「うつ（空）」「うつろい（移ろい）」、それに「うつつ（現）」もある。こんどはいったいどんなイメージが出現するだろうか。

現在なら、うつくしいと書いて美の字をあてる。でも、古代では、うつくしいは親子の情愛を意味した。つまり、かわいい、の意味に近い。しかし、もっと深掘りすれば、このことばに「現奇し」と漢字をあてる説も有力だ。すでに「臭い」の語源にある「くすし（奇し）」も関わっているので、何かめざましく神秘なものが現《うつつ》に現れた、と理解できる。

では、「うつつ」とは何なのか。現実世界のことと考えられるが、同類に「うつわ」があることが要注意だ。器とは、何かを包む入れ物のことであり、最大の特徴は「中が空っぽ（空）」である点だ。つまり、無の宇宙のことだが、ここに何か実体をつくる源の素材のような気体（冷帯）が移ってきて宿ると、実体が生まれる。これが外に現れたのが「うつつ」と呼ばれる。だから、うつくしは、「現実界に現れた神秘なもの」であって、これを美しいと呼んだ。ひょっとすると、母が身ごもって子を産んだ姿こそが「うつくしい」のであって、だからかぐや姫の伝説のように、竹の筒から生まれる姫の可愛さなどが「うつくし」と形容されたのだろう。さもなくば、蝶が生まれるさなぎのイメージが源だったかもしれない。

この説は、わたしが20代のころに知り合い、惜しくも最近、80歳で亡くなった編集工学の提唱者、松岡正剛《まつおかせいごう》さんのアイデアだ。松岡さんも、混沌とした情報の坩堝《るつぼ》をどうしたら整理できるかを考え抜いた先駆者だったが、とりわけ、ここに示したようなことばの起源を材料にして、古代日本の思想や生活を再現する方法を極めた。

白川さんの『字通』を活用し、東洋と日本の独自な世界観を解明するうえで、松岡さんの編集工学手法は大いに参考になるので、あとでまたお話しする。

第3章

AIに勝てる勉強法

AIも気づかない分野は無限にある

先に、ニッチ（誰も手をつけない自分だけの分野）こそ、0点主義の勉強の最重要ポイントだとお話しした。こういうニッチは、一般的に世間の関心は0点である。なので、ここを自分の拠《よ》りどころとして経験や蓄積をたくわえれば、いつか、この成果を活用できるときがくる。そのとき、ニッチにいるのは自分だけということは、まことに気分がいい。

わたしの場合は、まだまだ重要な学問分野に多くのニッチが残されていた時代に恵まれたおかげで、今なら重要文化領域に数えあげられるような幻想文学、神秘学、風水、博物学などなど、誰も手を出さない無人の分野を独占できた。

世界が変革期になり、物事の価値の見直しがおこなわれるときは、このようなニッチの分野に光が当たる。情報が氾濫《はんらん》する現在でも、意外に置き忘れられているニッチが存在しているもので、あなたの関心が向くのを待っていると思われる。

わたしは朝日新聞のウェブ版で、新時代のニッチを開拓している人たちのウェブを紹介する仕事を担当したことがあった。「こだわり会館」と名づけたウェブがそれで、各国の戦闘糧食（軍隊食）を食べくらべる人、各地のエレベーターを探して乗りまくる人、色物文具のコレクター、日本中のダムを探訪する人など、自分だけの研究テーマに邁進する内容が頼もしかった。

でも、ヘソ曲がりの批評家の中には、いくらニッチでも数に限りがあるはずだから、いずれなくなるだろう、と思う人がいるかもしれない。心配ご無用。ニッチとは基本的に他人が気づかないもののことなのだから、それこそ人が生きてきた歴史の数だけあるといっても過言ではない。それにニッチに関する知識なり技術というものはレアな値打ちを持っているので、誰か先人が関心を持っていたとしても、そうそう手あかで汚れたりはしないものだ。

さらにいえば、ニッチとは単に未発見のゾーンのことばかりではない。既存のものを組み合わす「アンサンブルの妙」もニッチになることだっていくらでもある。むかし日本のある数学者が十七文字で読む俳句の全組み合わせを算出し、もはや新作をつくる余地がなくなりつつあると心配したのを、福澤諭吉《ふくざわゆきち》が興味深く感じて、この説を紹介したことがあった。また、正岡《まさおか》子規《しき》も、俳句はいずれあらゆる組み合わせが詠《よ》まれ尽くして、廃絶することになる、と心配した。だが、目下のところ俳句は栄えており、まだまだ新作がつくられている。

それとは逆に、一人ぼっちと思えた分野も、インターネットで世界がつながった今では、意外に海外から同好の連絡をもらうこともある。わたしは、むかし日本のどこでも目についた鉄条網もコレクションのテーマにしていたが、あるとき、アメリカで鉄条網専門の博物館を開いているオーナーから手紙が来たことがあった。ほんとうに驚いた。なんでも、あちらでは鉄条網は「悪魔のワイヤー」と呼ばれ、家畜が傷つくため使用制限を求める声が高まり、牧場などでは使用しなくなったのだそうな。「日本の鉄条網はないか」と聞かれたので、何本か手持ちを寄付したこともあった。

また、ネットの普及で世に知られる機会が増え、世界に同好の友人もできた。その一つにピンナップという大衆美術の分野がある。

第一次大戦あたりから、欧米では前線に出た若い兵士の楽しみとして、愛らしい女性の絵を絵ハガキなどにして送ることが流行した。フランスでは「アール・ギャラン」と呼ばれて、専門の画家が登場。この画家たちは外国からパリに出てきた無名アーティストが多かったので、戦争が始まると国籍に問題のある人たちが国外追放された。その主力がアメリカに亡命してハリウッドなどで女優や踊り子たちの愛らしい絵を伝えたのである。

キャバレーやミュージック・ホールの女優たちが用いたセクシーな衣装がたちまち民間の女性にも広まって、そのアメリカでは「隣のお姉さん」のように愛くるしい美女画が「ガーリーアート」と呼ばれて、米軍の若い兵士に愛された。とくに戦闘機は、人称が「彼女she」だったこともあり、戦闘機の前部にガーリーアートを手描きして、墜落しないお守りにした。これを「ノーズアート（戦闘機の前部に描いた絵）」と呼ぶ。

進駐軍基地を写した古い写真にも、ひょっとしたら、「鼻先」に美女が描かれた戦闘機が見える場合もあるかもしれない。また戦後の日本では一時期、「カストリ雑誌」と呼ばれる風俗系の読み物雑誌が氾濫したが、ほとんどが進駐軍の持ちこんだガーリーアートを手本にしたカラー画で表紙を飾っていた。こうした例がたくさんある。このガーリーアートは、わたしがパリの古雑誌専門店で大量に販売されているのを買いこんだときは、フランスですら忘れられた大衆アートだったが、今では立派なコレクション分野に成長している。

わたしが集めたガーリーアートも、のちに女性ファッションの歴史をたどる絶好の資料となり、何冊もの本を書くことができたことも伝えておこう。

あきらめれば何でも得られる

もう一つ、どうしてもいっておかなければいけないことがある。好きなことをやりつづける、アマチュアになる、ということは、じつのところかなり困難なことでもある。したがって、好きなことをしつづけるには、何かをあきらめないといけなくなる。ギブ・アンド・テイクの法則を実感しなければならないのだ。

また若いうちは、好きなことに楽しく熱中することをよしとしない周囲から、きびしい批判を受ける場合が多い。親や先生は怒るだろうし、短期的にはテストなどで成果もあがらないかもしれない。

そこで、人生の幸福のいくつかをあきらめることになる。どちらもできるという環境は、そうそうないからだ。

わたしも中学生のときに、我が家の経済環境などを考えて、ぜいたくな生活をあきらめた。ボロ家に住んでいたので、友達を家に呼ぶこともためらわれた。そのかわりに、マンガ家になりたかったので、マンガを描くことに集中した。

一つの「好きなこと」を守るには、一つの「欲望」をあきらめる。それほど好きなことがしたかったので、あきらめなければならないことが出るのも当然だと思っていた。あきらめがついてみると、むしろ充実の青春時代を送れたような気がする。

人生の宝を見つける勉強

人生は長距離レースであるが、実際は節目ふしめに決断しなければならない時期がある。場合によっては、そういう時期が若いときに来てしまうこともある。しかし、その決断が間違っていたかどうかの判断だけは、あわてないほうがいい。

それがよかったかどうかは、たぶん死ぬ直前まではっきりしないし、人生の決算期になったとき振り返って、自分の一生が相撲の星取りにたとえて七勝八敗ならば、誇るべき結果を残したと思うべきだ。星一つの負け越しは、誰かにその星を譲ったことを意味するからだ。勝ち星を墓場まで持っていくことはできない。せめて一勝でも、生きている後輩に譲っていくことができたら、世代をつないで種の存続を図っていく生物の一員として、かなり上出来だと思う。

死ぬまで自分がしたかったことの一つでもやり抜いていたら、その一つは誇らしい宝となる。その宝を後進に譲るのが有機体の幸福だと、わたしはチャールズ・ダーウィンの祖父にあたる博物学者エラズマス・ダーウィンの著書『自然の神殿――社会の起源』という本で知った。あとで知ったが、チャールズ・ダーウィンが『種の起源』という進化論の名著を書いたのは、お爺さんが残した『社会の起源』に影響を受けた面もあるという意見も実際にあるそうだ。

とくに若い時期では、自分の決断が正しいかどうかなんてわかるはずもない。だから、静かに、絶え間なく、自分を磨きつづけるのがいい。

ダーウィンの名著の話のついでに、こんどは東洋の叡智の話もしてみよう。

中国の名著『荘子』という本に、**「櫟社《れきしゃ》の散木」**という教訓話がある。この故事を、わたしは国立民族博物館の初代館長であった、前述の梅棹さんから聞いた。

で、梅棹さんが教えてくれた教訓話のポイントは、こうだ。

ある一人の棟梁《とうりょう》大工が、弟子を連れて材木を探す旅に出た。すると、ある村で神木として尊ばれている巨木に出会った。弟子がこの木を使おうといったが、棟梁は反対した。あの木は役に立たなかったからこそ巨木になれたのだ、と。ほかの木は建築に使いやすく、「財《ざい》あるいは材」（材木ということばもここから出ている）になる木だったから、どんどん伐られてしまった。ところがこの木は曲がっていたりして使いにくい「散木」、つまり使えない木と判断されたので、人に伐られなかった。そのおかげで神木になれたのだよ、と。

使える木はすぐに伐られるが、使えないと判断されて放置された散木は、巨木になるまで育って、神木と呼ばれるようになった。さて、あなたはどちらの木がいいと思うだろうか？

大器晩成ということばにも通じ、自分の個性を失わずに伸びた木は、「材」とはならなかったが、世間的には役に立たなくても世俗の評価を超えた神木になれる可能性があることを、教えてくれた。

そう、**材にならなくても、そのおかげで神木になれる可能性があって、運命はどちらに転ぶかわからない**のだ。人材にもなり、神木にもなるという両立なんて、自己矛盾かもしれない。それでわたしも散木をめざしたいと思い、役立った材木のみんなとは違う生き方を選ぶことにした。その道は、いつ役に立つかまったくわからないが、そのかわり曲がりくねった神々しい木にはなれるかもしれないからだ。まあ、それも五勝十敗の幕下程度だったけれどもね。それでもいいいや。

さて、今の時代、人が勉強ということばでイメージするのは、「勉強という努力を重ねること」→「成功へと導かれる」というものだ。『荘子』にいう「材木」になることをめざすのだ。そしてその具体的なゴールは、

①社会的な成功を収めること
②お金持ちになること
③仕事や業績により社会的な評価を得ること

という三つのことにほぼ収斂《しゅうれん》される。

だが、本来の勉強とは、人生を豊かで楽しいものにする血の通った営みのはずだ。仕事も遊びも勉強になるのなら、勉強とは生きることそれ自体でなかば達成されている。毎日ご飯を食べたりテレビを観たり仕事をしたりすることだって勉強になるような、そういうものだった。

そんな勉強法をわたしは「0点主義の勉強法」と名づけることにした。材木ではなく散木になるための勉強法というわけだ。単なる手段や道具としての「冷たい勉強法」とは違った、なにかゆったりした大河の流れのような可能性を求める方法といえるかもしれない。

ただし、「0点主義の勉強法」では、成功をめざす材木的生き方を排除するわけではない。結果的には、むしろ「冷たい勉強」に集中するよりも大きな成功が得られる可能性もあると思う。なぜだろう？

まず、「冷たい勉強」は非常に多くの人が参加しているものなので、必然的に競争が激しく、よほど抜きんでないと成功をつかみ取る勝者にはなれない。しかし、「0点主義の勉強法」では、自分がやりたい勉強をしていくので競争相手も少なく、いわば独擅場《どくせんじょう》の世界を築ける。そして、その独自の視点が定まったら、その視点から世の中を見ればいい。ここに変化の兆しが見つかるかもしれないからだ。

『荘子』にある中国の叡智の獲得法を紹介したから、最後に日本の格言も引用しておく。

福澤諭吉の名著『福翁自傳』がそれだ。その中で諭吉は、大坂（現在の大阪）の緒方洪庵《おがたこうあん》塾（「適塾」ともいう）で暮らしたときの勉強法が今の自分をつくった、と書いている。いったいどんな生活ぶりだったたか。

ここは当時日本で異種異端もはなはだしい異学といわれていた蘭学の、関西における拠点であった。異学だったのは確かだが、新時代の科学を日本にもたらした「核心の学」であり、とくに医学と兵器学では、日本古来の学問などまるで歯が立たない大きな成果をあげていた。だから、各藩の若い武士もこぞって適塾の門をたたいた。

福澤先生がススメた真の勉強法

そんなわけで、蘭学が進歩した学問であることを素直に受け入れた庶民も、蘭学者を頼りにするようになった。洪庵先生も弟子をなるべくたくさん取って、蘭学者を育てようとしたが、なにしろ「私塾」だったため部屋は雑魚寝状態だし、夏はくそ暑い。弟子たちは丸裸で昼寝するという状態だったから、洪庵先生の奥さんが諭吉に用があって部屋に上がったとき、丸裸で寝ていた諭吉の姿を見てしまい、悲鳴をあげて逃げ帰る始末だった。

そんな私塾だったが、勉強法は理にかなっていた。入門した弟子はオランダ語の勉強をきびしくさせられた。先輩が後輩を指導して、ビシビシ仕込まれた。けれどもその後、蘭方医となって洪庵先生の手助けを命ぜられたかといえば、そうではなかった。オランダ語さえ習得すれば、あとは医学でなくとも何でもよい。貴重なオランダ語の本も自由に読んでよいというシステムだった。

諭吉は血を見るのが嫌いだったので、いい医者になるのはあきらめ、そのかわりに物理学や邦楽、自然学などいろいろな本を読んだ。同じ塾仲間の武田斐三郎《たけだあやさぶろう》は、軍学や築城学を勉強し、あの五稜郭《ごりょうかく》を建築した。大村益次郎《おおむらますじろう》も新式の軍隊と武器を研究し、またいっぽうではマンガ家手塚治虫のひいお爺さんにあたる手塚良仙《てづかりょうせん》は医師となり、東京大学医学部の前身であるお玉ヶ池種痘《しゅとう》所の設立に参加した。

人の命を救う医学から人を殺害する兵器術まで、あらゆる分野で蘭学が革新に貢献できたのは、諭吉によれば、「このとき、目的のない稀有《けう》な勉強ができたから」だという。

適塾はまさしく散木の教育所だった。ちなみにいえば、日本が明治維新後いちはやく洋学を取りこめた理由の一つは、私塾の自由で目的のない勉強があったからであり、科挙《かきょ》という国家試験に合格するためにきわめて特殊な勉強を強制された中国が、西洋化に立ち遅れたのと対照的だったともいわれる。

あみだくじと「結合術」

こうした散木の勉強法は、現代の高度消費社会の下でどう変わったのだろうか。現状を見ればよくわかる。ある意味では、差異をつくる原動力としての散木が大いに活動している。けれどその環境は、競争経済という枠に縛りつけられていくので、散木が成立するために必要な自由と熟成を許さず、むしろ散木を短命化させているように見える。

たとえば、現在にあって高い評価(取引される値段が高い、もしくは人気が高い)を得る商品は、他の商品と特徴において大きな差異を持つオリジナリティの高いものだ。ゆえに、売れるものは模倣されて、疑似品の氾濫《はんらん》となる。いっぽう、他の商品との差異が小さなものは当然、低い評価(値段が安い、もしくは人気が低い)を下される。他商品にない大きな差異を持っていた人気商品がやがてすたれていくのも、類似の商品が後発でどんどん出てきて差異を縮めていくからで、そのために散木すら短命に終わりだしている。

でも、こう書くと、自分がやっている好きなことは超マイナーだから、誰も関心を持ってくれないよ、人気なんか永久に出ないよ、と思う人もいるはずだが、それは違う。どんなにマイナーなことでも、いつかきっと多くの人が興味を持ってくれるチャンスは訪れる。それが現代消費社会の「欲望」だからだ。かつてはマイナーだったお化けの世界だって、今はとてもポピュラーになっているように。ただ、そこまでじっと耐える辛抱ができないから悲惨なのだ。

「冷たい勉強法」を超えるWHYの原理

マニュアル的な「冷たい勉強」という狭いフレームの中だけでは、知識や情報を現実に応用していくアップデート力や、あたらしいものを生みだす発想力がどうしても衰弱に向かうらしい。

「冷たい勉強」は、マニュアル性が高い「勝つためのHOW TO」だが、0点主義の勉強法は「見方を変えてみる力＝WHY」をベースにしている。「HOW TOの勉強」は決まり切った答えを覚えていくだけなので、HOW TO（どうやったら?）という問いかけで手順を訊くことができるし、答えも用意されている。

これに対し、「WHYの勉強」には、自分なりの答えを探すという探検のスリルがある。そのかわり、「どうしたら?」という手順の説明はできなくなる。たとえばあみだくじでは、手順自体が変更されてしまうので、ヒントをもらうための質問としては、WHY（なぜ?）と訊くしかない。その場合、回答は「答えを変えたいから」ということになる。これに対する反応は、当たりくじの選び直しだ。いったん、当たりくじをゼロ・ベースに戻して、そこから別の選択を試みる。トランプでいえば「シャッフル」に相当する。

なぜ、そんなことをする必要があるか？　と重ねて聞きたくなる。

あみだくじの醍醐味は、まさにここにある。とにかく無理に道を変えること。つまり、頭の切り替えだ。

そこで「WHYの勉強」のカラクリをもう一度思い浮かべてみたい。

よく知られているように、あみだくじはすでに決められた当たりに達する√（ルート：道筋）に、あたらしい横線を書きこんで、その当たり√を変更してしまうゲームだ。「HOW TOの勉強」では、当たりそうなタテ線をうまく見つけるのだが、「WHYの勉強」では横棒を書き入れて答えの方向を変えてしまう。横棒を一本入れるだけで当たりの場所を変えることができるところに妙味があり、そのプロセス自体が遊びに転化していくようなダイナミズムを孕《はら》んでいる。

このくじの特徴は、人知が介入できない、きわめて機械的な変更変化をつくりだせるところにある。任意の場所に横棒をいくらでも引けることで、最初に決定していた当たりくじの道筋をランダムに変化できる。

これまで変更や変化、あるいは進化といったアップデートができないために陳腐化していた

図06 ライムンドゥス・ルルスの結合術アルファベット表

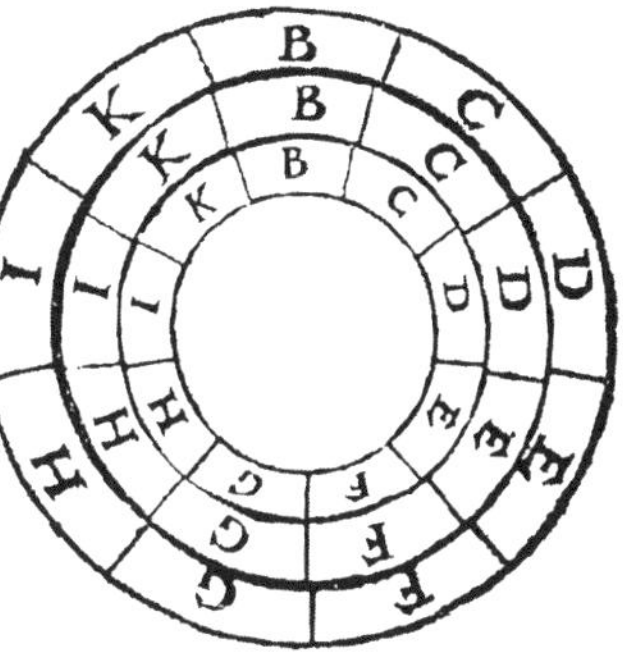

この円盤にはアルファベットがちりばめられ、ルーレットが回転することで、アルファベットの組み合わせが無数に生まれる。ルルスはアルファベットにこそ神の叡智があり、これを組み合わせることでより多くの知識が獲得できるとした。よって、現在の「デジタル」という概念を先触れしたともいわれ、文字同士の組み合わせで知識が創成される形式も人工頭脳と類似する発想とされる。実際にコンピュータ理論を考察したドイツの哲学者ライプニッツもルルスの結合術を研究した。

観念や思考がある場合、その原因の一つは無知でこざかしい人間の知恵や知識がその変更をかえって疎外しているためという可能性がある。中世の暗黒時代などはまったくこの原因が作用した例だ。そこで、思い切って偶然や、ひょっとすると悪魔の気まぐれや悪意にまかせ、勝手にサイコロでも振ってもらったら、あたらしい結果が出るんじゃないの、という発想が出た。暗黒の中世あたりから芽吹いた世界の変革方法と考えられるが、17世紀にライプニッツがこの技術に興味を抱き、これを「結合術 アルス・コンビナトリア（Ars Combinatoria）」と呼んで、世間に広めた。

そもそもこの発想は、中世の神学者ラ

イムンドゥス・ルルス（ラモン・ルル）によって創案されたとされるが、ライプニッツはこの方法を数学的にも研究した。あらゆる知識や思考を形成する源は、一組のアルファベットであり、アルファベットがさまざまな組み合わせで結びついたものがことばであった。そのさらなる結合が文を生み、思考や知識を形づくるという「アルファベット↓単語↓文章↓知識↓神意」にまで到達できる組み合わせ表の操作法を、「結合術」と説明した。

この知識製造機械の構造に魅了されたイギリス作家ジョナサン・スウィフトは、代表作『ガリヴァー旅行記』の中で、学者があたらしい知識を製造するための「機械」を操作する場面を描いた。それによると、碁盤の目のように配列されたアルファベットのコマ列にハンドルをつけて、それをぐるぐる回してストップさせたとき、文字面にあらわれたアルファベットの組み合わせを読み取って、それを新知識とするのである。つまり、「がらがらぽん」を回してアルファベットの文字をつなげるくじ引き機だが、この機械的に当たりを出すという形式が、当時の思潮だったマニエリスム（「結合術」とはアルファベットの機械的な組み合わせによる新概念の創造法）という発想を後押しした。

これが、ライプニッツを元祖とする二進法コンピュータの祖型ともなり、のちに神秘的な新知識創造の方法ともなった。早い話が、コンピュータであらゆる暗唱コードの組み合わせをつくり、盗み取ったクレジットカードの暗証番号を突き止めるテクニックと同じ発想といえる。

図07 スウィフト作『ガリヴァー旅行記』に登場した知識製造機

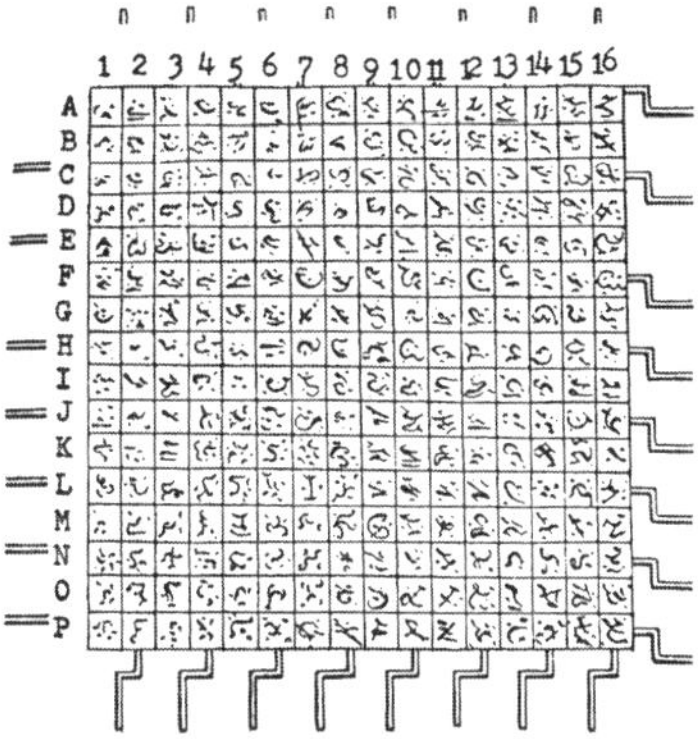

きわめて有名な『ガリヴァー旅行記』は、けっして子どものための読み物ではない。18世紀当時の最先端といえる科学や哲学の思考を批判的に取り上げた名著だからだ。ルルスの結合術も、この物語では学院で学者が「ガチャ」じみた機械を回して新知識を自動的に製造している場面に登場する。

日本でこの結合術を編集作業に応用し、人知のあらたな知識や発想の発見方法としてよみがえらせようとしたのが、松岡正剛さんだった。松岡さんが編集者という仕事に、こうしたクリエイティヴな発想を盛りこんでいく過程で、わたしも大きな影響を受けた。今、この手法の発展形は、編集工学という名で街おこしや現代思想の組み直しにも活用されている。

本来ならオカルトといわれるような、この神秘的な発想をよみがえらせた松岡さんは偉かったが、わたしたちはとりあえず、結合術を、発想や見方の変更という問題に応用してみたい。

この技術は、いちばんシンプルにはサ

イコロでも振って、そこに出たキーワードからあたらしい組み合わせや結合をおこない、意味のあると思われることばや知識をみちびきだすのだが、見ての通り、いかにも遊びに近い。そこで0点主義らしい改良した結合術を紹介したい。これだと、どこでも、誰にでも、頭の体操という形で結合術の訓練ができる。

わたしがよく実行しているのは、次のようなやり方だ。何か課題となったキーワードにあたらしい切り口を見つけたいとき、テレビや新聞をしばらくゼロ状態で眺めてみる。すると、次々に画面やことばや物語が通り過ぎる。そこでランダムに、自分の気を引いたことばに目を留める。そして、そのことばに仕込まれた課題のキーワードをセットして、一つの理論や関連性を考える。すると、無理やりくっつけられたワードとワードが、稀にだが、思いもよらなかった化学反応を起こす。その化学反応を待つことだ。

シュルレアリスムの開祖だったアンドレ・ブルトンも、自動書記という結合術によく似た「超現実的イメージ」の創造実験をおこなっていた。ブルトンは若いころ、精神医学者として戦場で死の恐怖が引き金となって精神に異常をきたし幻覚状態になった兵士の診察にあたったことがあった。この兵士は、どんなに多くの弾丸が飛び交う戦場に行かされても、まったく恐れることなく戦場を歩き回っていたという。

ブルトンがこの患者と面談してみたところ、患者はこういった。

「戦争はぜんぶ舞台のお芝居ですから。ウソごとなんですよ」

これをきっかけにして、ブルトンはヴィジョンや幻覚の意味を大きく変えたといえる。精神は患者のストレスを消すために、現実を「リアルな幻覚」に置き換える機能を持つのだ、と。

しかし、このような現象は、正常な精神にも起こる。わたしも昔は人前に出るとストレスがあったのだが、あるお坊さんに「見に来ているお客をジャガイモが並んでいると思いなさい。楽になるよ」といわれた。それ以後、緊張を自分で解く「開き直り」術を体得した。今では、もう最初から開き直って、リラックスできる。

だから、**現実と幻覚は紙一重のところにある**。このウソとまことのイメージ結合術を活用したのが、シュルレアリスム・イメージの代表作「解剖台の上の、ミシンと蝙蝠《こうもり》傘の偶然の出合いのように美しい……」。このロートレアモンの詩を、マン・レイは写真にしている。


わたしはイメージの力を使って、二つのことばの偶然の出会いを無理にプロデュースする遊びを自分で考えた。ときどき、おもしろいアイデアが湧いたときにメモを残すのだ。たとえば、かつてパソコンが出始めたとき、それまで使われていた大型汎用コンピュータとどこが違うのかについて、講演してほしいと依頼されたことがあった。だが、これはけっこうむずかしい。細かい問題をいろいろしゃべっても、ふつうの人は聞いてくれないだろうし、関心のない人は眠ってしまうだろう。

では、どうすれば二つのコンピュータの違いをおもしろく語れるだろうか——。考えてみたが、まるでイメージが湧いてこない。いよいよ当日が近づいたけれども、話がまとまらない。結合術という技術のことはすでに知っていたが、そのころはこの術の実際の使い方を知らなかったのだ。

しかし、本番数日前となって開き直りの心境となり、あるゲームセンターに出かけてみた。子どもがコンピュータ相手にゲームをやっていた。見ていると、モンスターを相手に射撃するゲームで、子どもはもう熱中している。そのうち、ばんばんと砲弾を打ちだした子が、死ね、死ね、と声を出し始めた。熱中するあまりの絶叫だ。そのうち自分がモンスターに倒されて、激怒したのか「バカヤロ、チクショー」と機械を蹴りだした。それを見ていて、急にハッとした。

自分は会社で汎用コンピュータを操作していたが、あの機械でゲームなんかしたことがない。もし機械がいうことを聞かなくとも、機械に八つ当たりすることはなく、むしろ、自分を責めるだろう。しまいには、ブルトンが診た兵士のように精神を病む人として癒すかもしれない。ところが目の前でゲームをする子は、画面のモンスターに向かって、「死ね」と怒鳴り、負ければ機械を蹴る。まるで相手が人間であるかのように……。

それを見たとき、二つのマシン形態の差が電撃のように閃《ひらめ》いた。「これは一人称と二人称の差じゃないのか？」と。汎用機は、自身がつくったプログラムで動く。だから、思い通りに動かなければ、結局自分のせいになる。悩んで、攻めるけれども、はっと気がつくと、その矛先が自分自身に向き返ってくる。自分が自分のバカさ加減を叱ったり、自分を励ましたりしているも同じなのだ。つまり、汎用機時代のオペレーターとマシンの関係は、「一人称的」となる。

それに対して、パソコン時代の子どもは、機械を二人称とみなしている。具合が悪くなれば相手を罵倒したり、怒鳴りつけたりする。ゲームに負ければ、当たり散らす。まるで子ども同士のいさかいを見るように。

実際にパソコンを操作してみて、よくわかった。ほんとうに、機械が何を考えているのか、他人のようによくわからないのだ。

ではなぜ、パソコンを操作する人は機械に対して二人称的な語りかけをするのか？

ソフトは機械のほうと仲がよく、扱う人間にはこころを見せないからだろう。機械の具合が悪くなって停止しても、プログラムをはじめ全部がブラックボックスだから、これは他人である。したがって、トラブルが発生すれば敵だ。

これでわたしのシュルレアリスム的イメージも、明確になった。

実際、パソコン時代になると、人間と機械の距離感がほんとうに変わった。二人称の存在となったわけだが、現在はさらに、いい争いも殴り合いもしない冷たい事務的関係になったかのようなのだ。この調子だとyouとmeの関係も、いずれ三人称という新関係に移行するだろう。たとえばタブレットは、すでに人間同士の対等な関係ではなくなった。人とモノの関係に戻っている。ならば、スマホはどうか？

最近、新幹線などで座席に座ったままスマホで通話していたおじさん客に遭遇した。時間があったのでじっくり観察していたら、おじさん客は視線をあちこちに泳がせながら、ちょっと奥の人に話しかけるような、けたたましい大声でしゃべっている。目も顔もスマホには関わりなく、まるで透明な話し相手がいるかのようにふるまっている。まなざしは、空《くう》をさまよっている。

書いて申しわけないが、まるで幻覚と話し合っているか、あるいは一人で電話のパントマイムを演じているかのようだった。これはもはや三人称を超えて、実体のない幻覚を相手にした四人称か、あるいは内なる自分を呼びだす霊媒のように見えた。

機械と人間のコミュニケーションは、今、どんな関係を描いているのだろう。まだまだ深い考察が必要だと思った。

勉強は「修業」であってはいけない

勉強は歯を食いしばってするもの。身体を鍛えるように脳を重労働させるもの。多くの人はそんなイメージで勉強を捉えていないだろうか。

勉強ということばは「強いて勉める」と書く。むかしからマンガやドラマには、必勝の文字の入ったねじり鉢巻き姿の受験生が描かれたりする。

それではなぜ、勉強は額に汗して頑張るものなのか？

答えは、目的を達成するための仕事だからである。『荘子』にいうところの材木になるよう、一刻も早く伐ってもらおうとするために勉強するのだ。でも、目的のない勉強ならば、材木になる必要がなくなる。一生かけて、自分のペースで好きなことに熱中できる。つまり、「遊び」に近い営みにできるのだ。

もちろん、人生においては競争する勉強も必要だが、そうした「競争のための勉強」を至上の価値とすると、死ぬときに後悔するかもしれない。勉強することでこころが満たされ、豊かに楽しくなっていないからだ。

勝負は「今」でなくていい。「今」を勝負するのは、せいぜい受験勉強と資格試験のための勉強くらいでいい。「遠い未来」の、あるいは「想定外」の事態に対応するための勉強のほうが、長い実人生の中ではいっそう大切となる。「今」が勝負だと思って刻苦精励《こっくせいれい》する勉強は、けっして遊びの領域に入ってくることがない。しかし修業ではなく、むしろ観光と思ってもらいたいのだ。

自由に旅する「遊子《ゆうし》」（一人旅の人）がたまたま絶景に出くわすように、おもしろい勉強テーマは、ふとした余暇のあいだにめぐりあうことが多い。

「競争のための勉強」は、スケジュールがすべて決まったパック・ツアーのようなものにちがいない。自由に見たいものが見られないからつまらなくなるのであって、**勉強も行き先を自由にすればいい。**

飛車角落ちの勝負をしてみる
――「おしっこ」の発想力

「想定外」ということばがいっとき流行ったが、そもそも世の中のことは例外事項ばかりで成り立っている。答えのある問題集ばかり勉強していては、途方に暮れたときに動けない。いわゆるHOW TO志向の「冷たい勉強」だけでは、人生という想定外だらけの営みにはとても歯が立たない。次から次へと出てくる例外事項に対処するには、何よりも幅広い抽出《ひきだし》を自分の中に持っておかないといけない。

わたしが「トリビアの泉」というテレビ番組に出ていてもっとも印象に残っているものに、原因不明の故障により離着陸用の脚が動かず着陸不能になったグラマン・マラード型飛行機の話がある。

昭和37年に大阪－愛媛便で起きたできごとだが、そのとき、パイロットはどうしたか。オイルの代わりになんとおしっこを使ったのである。

パイロットは、「もう水も何もありません」とキャビンアテンダントにいわれ、咄嗟《とっさ》に思いついたのが「そういえば人間はおしっこをする……」ということだった。機内にいる100人ほどの乗客に無理におしっこをしてもらってそれをオイルタンクに入れたら、脚の固定に成功し無事に着陸できたのだ。脚を動かす油圧の機能は圧力を働かせることにあるので、液体ならその代役になれる可能性があると推測したことから閃いたのだが、マニュアル思考のパイロットだったら絶対に出てこない対処法である。

「奥の手」が閃いたのはほんとうにすごいと思う。人生においてもっとも大事なことは、このようにマニュアルにない発想ではないだろうか。マニュアルから外れたときにどううまく処理するか、そんな連続が人生なのだ。

この場合、もしあなたが子どものころにおしっこを牛乳ビンにためて遊んだ経験があったら、どうだろうか？　そのとき親に叱られたかもしれないが、液体としてのおしっこのパワーを知ることができたはずだ。そう、おしっこから取れる硝石からは火薬だってつくれるのだ。

マニュアル感覚では対応できない範囲をカバーする発想やセンスといったものは、遊びを超えた勉強の中でこそ培われる。

想定外の事態において求められるのが、将棋でいう「飛車角落ち」（将棋で飛車と角という重要な機能を担う駒なしの条件で戦うこと）の勝負をどれだけやってきたかという蓄積力だと思う。

得意技だけで勝負しているとほんとうの勝負のおもしろさはわからないし、成長もない。勉強でいうと自分の不得手な勉強、仕事でいえば無理にやらされること、それが実践における飛車角落ちの戦いである。しかし、そんなものにも工夫をしておもしろさを見つけられるようになると、得意だったものはいっそうおもしろく、好きなものはいっそうその深さがわかってくるから、すばらしい。

そうなると、もはや人生は飛車角落ちの勉強をして勝負していかないとつまらない、飛車角落ちの勝負や勉強を混ぜるほうがゲームとしては抜群におもしろくなるということがわかってくる。

じつは受験勉強は1週間で足りる

受験勉強は1週間で足りる、そういったら驚かれるかもしれないが、わたし自身の体験からいえばこれはほんとうだ。

受験勉強をすることに意義があるのは、「強制力を持つ勉強」という一点だけでしかない。勉強したくないけれど、試験に落ちては困るから、やる。おかげで、嫌な学科も多少は勉強できる。でも、楽しくて勉強している科目は、ふだんから知識をためているので、あわてて勉強する必要がない。

好きな科目には、受験のための特別な勉強はそれほどいらないし、嫌いな科目でも、まあ1週間ほど付き合えば最低限のことはわかるものだ。わたしも受験勉強という一夜漬け勉強をしたけれど、たぶん教科書を丸暗記するとしても、1週間あれば事足りた。

ただ、数学のような積み重ねの学科や中身の理解が必要となる物理学は、付け焼き刃ではさすがに対抗できなかったが。こういう科目は、冷たいようだが、やはり時間をかけて積みあげるほかないだろう。

とはいっても、受験直前の1週間で教科書を全部読んで、覚えただけである。ふつう、若い時期は記憶力がおそろしいほどよく、1週間もあれば教科書1冊ぐらいは、ほぼ覚えることができるが、これですべてを間に合わせようというのは虫がよすぎる。数学や国語などは常に道具として使うように心がけて、あえて受験勉強をする必要がないようにしておきたい。

そのための最高の方法は、何度も繰り返して勉強し、すこしずつ興味を深めていくことに尽きる。

わたしが受験勉強をあまりやらなかった最大の理由は、ほかに勉強したいことがありすぎたからだ。幻想文学、博物学……読みたいもの、調べたい事柄があまりに多すぎて時間が足りなかった。だとすれば、こうした好きな科目や分野に、嫌いな苦手科目をドッキングさせてしまうのもいい。国語が好きなら、代数や方程式も、文法や語彙解釈のように勉強するのがいい。

恋愛にたとえるならば、恋する相手（勉強）がすでにたくさんいるのだから、受験勉強のように試験が終わればそれで用がなくなるような相手に時間をかけたくないのだ。

恋心のままに引きずられ、地獄に堕《お》ちることも、もちろんある。逆に思いがけない未開の新世界に足を踏み入れて金や銀に飾られた誰も知らない王宮に連れていってもらえることもある。それがフリーの勉強法であることのスリルだ。

同級生たちが知らないそんな世界に行ってしまったりすると、もうやめられなくなる。中学生にもなれば、自分の興味に合った分野を追求して行った先にそんな幸せな瞬間がある。

ただ、１週間限りの相手だと思えばこそ、逆にこのうえない集中力と気づかいを発揮して付き合うことが必要になる。しかし、生涯をかけるかもしれない長期戦の相手ではそうはいかない。わたしが受験勉強に最短の時間をかけるだけで済ませたのは、この割り切りに理由があったと思う。

ただ受験は、自分の力をためすという意味で、人生において大事かもしれない。進学するためには逃れられない道でもある。けれど、それは受験勉強だけが重要だということを意味していない。じつは自分の力は、常に何かに試されている。社会に出たら、毎日が受験のようなものなのだ。

人はやはり、ずっと恋心を抱ける相手を勉強の対象に選ぶべきなのだ。愛を感じたり、関心を持ったりする対象がどのジャンルに多いかで、生きていく道筋というのは必然的に決まってくるだろう。そのぐらい長い恋人になれるような勉強相手を見つけることが大切だ。

第4章

偶然がおとずれてくれる勉強法

幸福感をともなう勉強は忘れない

「脳が喜んで幸せな気持ちになり、その結果、学んだアイデアや知識が自分の血となり肉となる」という現象がある。

わたしは、これが「勉強」の理想形だと思っている。逆に脳が喜ばないことに手をつけるのは、とてもむずかしい。受験勉強はその最たるものだろう。

受験のために丸暗記した年号は、わたしにとっては興味のないただの記号であり、覚えているあいだも喜びを感じなかった。結果、血肉にはならず、試験が終わったとたん、頭から抜けてしまった。

いっぽうで、たとえば織田信長とか、興味のある人物に関する歴史的事件は、あまり有名でないことでも年号まで鮮明に記憶している。単に数字を覚えているのではなく、自分の興味と結びついているので、好奇心のまま記憶に残るのがうれしく、また楽しくて、忘れることがない。

脳の役割については以前、認知科学者の苫米地英人《とまべちひでと》さんからおもしろい話を聞いたことがある。

当時苫米地さんは、カルト教団の信者の脱洗脳を担当されており、その仕事に非常に関心があったわたしは「洗脳をいかに解くか」という質問をした。

カルト教団というのは「おまえが今苦しいのは前世のせいだ」「もうすぐ世界は滅亡するから罪を悔いなさい」などと、人間の脳に恐怖やストレスを与えることで動機づけをおこなう。いわゆる洗脳（マインドコントロール）である例が多いのだ。そこで苫米地さんは、恐怖とは反対に、リラックス＝幸福の記憶を呼び覚まし、また、彼らが与えられた恐怖自体が誤りだと納得させることで、洗脳を解いていったという。

幸福感をともなう記憶は一生忘れることがない。子どものころ、母親と一緒に花を見て楽しんだり、また父親とキャッチボールをしたことは、幸せの記憶として生涯失われないものだ。さらにいえば、子ども時代に昆虫採集に熱中するのは、純粋に楽しいからである。だから昆虫の名前もどんどん覚えることができる。

そう考えていくと、「自分の好奇心や関心、感性を預けられる対象」を見つけだし、それを学ぶことで、次のような流れが生まれる。

1　勉強するのがとても楽しく、脳も喜び、幸せになる
2　幸せを感じたおかげで、勉強によって得たものすべてが血肉になる
3　学んだことが身についた実感、勉強の楽しさを感じて、さらに興味を追求してみたくなる

この理想的な流れをいかにしてつくるかが、0点主義の勉強法の大きなポイントである。

誰でも子どものころには利害や理屈など関係なしに、大好きだといえるものが一つや二つあったはずだ。野球にサッカー、音楽……「これをやりたい！」という十代のころの気持ちは、まさしく**〝純粋な愛〟**だったといっていい。

古代ギリシア語では哲学を「フィロソフィア」と呼んだ。このフィロとは「愛する」、ソフィアとは「叡智」を意味する。純粋に興味がある、つまり知ったり考えたりすること自体を愛するという気持ちが、**脳をもっとも喜ばせる最高の勉強法**なのだと思う。

目の前に来たバスに飛び乗れ！

「自分の好奇心や関心、感性を預けられる対象」を見つけだすことが、０点主義の勉強法の第一歩だと述べてきた。

しかしながら、個人の活動範囲というのは、基本的にかぎられているから、好奇心のままに勉強したところで、そうそうおもしろいことにぶつかるチャンスはない。世界はさほど広がらないし、得られる知識の範囲も狭いままにとどまる。では、どうしたらおもしろいことにぶつかるチャンスを大きくできるのか。

まずは、

「宝探しをするつもりで、いろいろな対象に触れてみる」

ことだ。いい換えれば、**目の前に来た電車やバスには、まず乗ってみる**ことだ。それが自分の関心のフィールドを広げるために効果的だということは、歴史がすでに証明している。

こう書くと、アラマタは興味のないことはしない、といったじゃないか、と不審がる読者がいるかもしれない。だが、じつはそこがポイントだ。興味がないとやらないから、目の前に来たバスには「こわいもの知らず」で気楽に乗れるのだ。ダメだったら下車すればいいからだ。

この力を「好奇心」と呼ぶなら、**興味のないものを興味あるものに変える勇気は「やってみる」精神にある。**物事は、試すという縁があった場合に、非常な興味を抱かせるものだから。

「縁」は異なもの、すごいモノ

わたしがこの事実を知ったのは、仏典の『華厳経』を試しに読んだおかげだった。あるとき、わたしは「縁」ということばに出会って、大きな興味を抱いたことがあった。そのきっかけは、縁結びの神に心を惹《ひ》かれたからだ。

多くの勉強好きの子に共通するのは、異性との付き合いが苦手ということではないだろうか。わたしもご多分に漏れず、女性よりも虫やお化けのほうにずっと関心があったので、生きている女性とはどうしても接点が持てなかった。虫めづる姫君とか、妖怪大好き少女なんて存在は、昭和40年代ではまず見かけなかったせいでもある。

そんなある日、このままではわたしに嫁が来ないのではないかと心配した母が、あちこち知り合いを訪ねて、「見合い」の縁組をこころみようとしたが、なんだか古臭い習慣にからめとられるのも嫌だったので、興味を示すどころか、忌《い》み嫌った。

ところが、根が物好きというわたしの変な気質が幸いしてか、恋愛結婚と見合い結婚の違いをこの際考えてみようと思い立った。これで、見合いの神秘的な結びつきの真相を知ることになった。

この問題のキーワードは、ずばり、「縁」にある。元来は仏教用語だった。物事には起因ということがある。世の中には二つの物事のあいだにつながりが生じるのであって、縁が起こるから「起因」という。あるいは「縁起（えんぎ）」ともいう。

仏教の教えによると、物事に関係が生じるきっかけは、「因」である。因とは関係が生まれるきっかけであり、縁という引力みたいな作用がここに変化を生みだすこととなる。因はモノゴトの始まりであるから、「原因」という。果は結びあるいは産物であるから「果」という。これを「結果」ともいう。そこに原因が生まれ、「縁」が働き、何かの「結果」が生じることを因果という。因果関係の語源だ。

原因がないと結果が生じないという物理学の用語も、仏教用語からの借りものだ。そして、われわれの世界は「因と縁と結果」でできあがっているから、「因縁」の世であり、この因縁を取り除いたら「我」と呼ばれる確かな存在は無に帰するから「無我」となる。

という仏教の語源を知れば、なぜ「縁談」ということばがあるのかも理解できてくる。つまり、縁もゆかりもなかった男女が、縁の力によって夫婦になることから、縁談なのだ。

この場合、具体的な縁は、出会いということで、ひとめぼれなどの恋愛によって「縁づく」

のだが、わたしみたいに恋愛の可能性があまり期待できない男の場合には、もう一つの「縁」が作用する。これが「見合い」すなわちまわりがセッティングする縁談となる。では、見合いの場合は何が二人を縁づけるのか。中国の神話によると、「月下氷人」という不思議な仲人の神様だ。

この月下氷人だが、正しくは月下老人と氷上人の二人を合体させた呼び名とされる。月下老人のほうは、『続幽怪録《ぞくげんかいろく》』によれば、どんなに縁遠い男女であっても、二人の脚をこのひもでつなぐと夫婦の縁で結ぶことができるという赤いひもを持っていて、そのひもを入れた袋を持ち、月の光の下にやすんで、縁遠い男女の通りかかるのを待っているといわれる。他方、氷上人は『晋書索紞伝《しんしょさくたんでん》』に語られる夢占い師のこと。令狐策《れいこさく》という人物が見た夢を占ってほしいと頼まれた氷上人は、「その夢は、あなたがある人物の結婚の仲介をすることの前兆である」と述べたという話に関係する。

したがって、いかに縁がない男女であっても、この二人の神通力によって、非因果的な結婚が成立する。これが「縁談」の本義だったのだ。

それだけではない、見知らぬ人に眼《がん》をつけられてぼこぼこに殴られるのも、因縁によるものだ。この場合も、目が合ったという縁により、ちゃんと因縁が成立している。なので、街の反社会的な若者から何の関わりもない一般人が暴行を受けたりすることを、「因縁をつける」という。これらのことばがすべて、仏教用語に源を発していることも、非常に興味ある問題といえるのだ。

因縁はとても魅力的な学問テーマであって、最近は「風が吹けば桶屋が儲かる」といった古いことばも復活しつつある。いや、事実、「風が吹くと……」の海外版とされる「バタフライ効果《エフェクト》」などは、ほんとうに学問研究の新分野と話題にされるようになってきた。これなどは、その中身において因縁研究と非常に近い。

バタフライ効果も「縁」のうち

ちなみに書くが、「バタフライ効果」とは、NHKの番組名にも使われたように、どこかで起こったごく小さな現象がまわりまわって世界の大異変にまでつながってしまうことを象徴的にあらわすことばだ。

気象学者エドワード・ローレンツが1960年代にとなえた「因縁研究」の仮説とされるけれども、その内容はカオス理論の視点から、ニュートン以来いわれてきたこの世の基本ルール（あらゆる存在物は初期値が完全に与えられる限り未来の姿まで予測できてしまうという決定論）を無効にする発表だった。いわく、「もしブラジルで蝶が羽ばたくと、テキサスで竜巻《トルネード》が起こる」という、決定論の有効性を無効にするものだった。

ローレンツが気象モデルのシミュレーションをおこなったところ、ほんのわずかな初期値の変更がまったく異なる結果を生じさせたことにかんがみ、気象の予測なども少しの初期値の変更で大きく変化する（つまり予測困難になる）という事情をわかりやすくするために考えた、ある種のキャッチフレーズであった。この発表は1972年におこなわれたそうだ。コンピュータを用いて長期の天気予報を計算していたローレンツが、停電によるシステムダウンにみまわれてしまい、あらためて再計算をおこなったら、再計算の際に起きた些細な入力ミスのため、長期予報の結果がぜんぜん異なる大雑把なものになってしまった、という自己体験によっていた。

わたしが最初の参加者？電子マネー実験元年の話

というわけで、わたしたちは自分の周辺に対して、何もしなくても縁が起きる。場合によると大きな事件にもなってしまう。それなら、目の前に来たバスでも電車でも、飛び乗ってみるのがいいのではないか。きっと何か、まったく予想もしなかった分野やテーマが、あなたの目の前に現れるにちがいないから。

その意味からすると、あたらしい発明が続出する現代世界では、わたしたちが運命的に「あたらしい物事」の実験者となり、その発明のできあがり具合を評価する役をやらされたともいえる。たしかに今は、ＡＩの実験をはじめ多くの実証実験が花ざかりといえる。したがって、そうした実験に参加できるのなら、ぜひ加わって、貴重な体験をするのがいいと思う。

そこで思いだした。このような未来社会向けの実証実験に参加すること、いい換えれば21世紀のわたし自身もその貴重な経験をしたことがある。それも、20世紀が終わる前後の日本は、未来のパソコン時代に備える多くの社会実験が集中して行われたのだった。

わたしはちょうどそのころ、パソコンを日本人にも体験させるきっかけをつくるための国家イベントである「インターネット博覧会」(通称「インパク」)に参加した。紀元2000年の大みそかに始まった国民参加のインターネット博覧会では、政府機関や公立教育機関なども参加したが、おもしろかったのは一般市民が手製でつくり始めていたホームページがずらりとネット上に出そろったことだった。はじめてサイトをつくる人も多く、口さがないマニアからはさんざんに悪口をいわれたが、とにかくトラブルを潜り抜けてはじめてのインターネット空間が日本に誕生した。

わたしは政府メイン・サイトの編集を担当していて、前夜祭のときに当時の森喜朗《もりよしろう》首相が自身でマウスを操作して「新年ログインはじめ」をおこなう現場に遭遇することになった。おどろいたのは、政府のお役人のほとんどがマウスを触ったことがなかったことだ。ところが森さんはなかなかのお方で、テレビカメラが向けられると、さも慣れた手つきで即座にマウスを操作してみせた。

もっとおもしろかったのは、1999年4月14日から始まった電子マネーの実証実験(一年間を期限)だった。このとき日本で最初の10万人規模の電子マネーこと「スーパーキャッシュ」が試された。ただし、電子マネーを取り扱う各種端末がまだなかったので、特別に新宿駅周辺の商店街が実験区域となった。当日のニュースはこの実験開始を実況し、女優の高島礼子《たかしまれいこ》さんが新宿高島屋で楽しげに電子マネーを使う光景が映しだされた。政府としても、来るべきデジタル経済の時代にそなえる重大な実験だった。

そういう歴史的な実験にめぐりあったわたしとしても、電子マネーを体験しない選択はなかった。実験開始から1週間後、実験が軌道に乗ったあたりを見計らって、カメラマン同伴で新宿へ取材をしにいった。

その時期の経済活動は、いうまでもないけれども、現金《キャッシュ》が文字通りの「主役」だった。かつてわたしが日魯漁業のコンピュータ室に配属になり、社員と船員の給与を電算化する大役をこなしたとき、ほとんどの会社では給料日に封筒入りの現金が渡されていた。これをもらうと、女子社員などは一斉にトイレに駆けこんだ。たぶん袋の中身をチェックしていたのだ。

しかし、その風景も、わたしたち新入社員のプログラマー6人の手によって電算化されるとともに、いきなり消えた。そして給与自動振りこみ時代が到来し、「おとうさん」が持っていた給与袋の受け取り特権も銀行カード（キャッシュカード）とともに「おかあさん」に移った。

このときから、小切手、手形、トラヴェラーズ・チェックといった「疑似紙幣」で占められていたマネーに、電子によるヴァーチャル・マネーが参入した。その先兵が銀行で発行する「キャッシュカード」だったが、すぐにクレジットカード会社が台頭してきて、預金とひもづいた「クレジットカード」を発行し始めた。それを追いかけて、小額のお金をチャージして使うプリペイドカードもそろった。ただし、銀行筋では、カードで出し入れする形式の電子マネーは、カードという疑似貨幣が介在するので「リアルなヴァーチャル・マネー」と呼び、インターネットでコンピュータを使って出し入れするマネーを、「ヴァーチャルなヴァーチャル・マネー」という面倒くさい名前で呼んだ。

そういう中で、20世紀が終わるときにはもう、かなり多様なヴァーチャル決済が始まっていた。けれども、これだけのカードと端末が入り乱れた状況では、どうも収拾がつかない。そこでインターネット回線を牛耳るNTTがマネー業界に参入し、ゆくゆくは国際間の決済もおこなえるかもしれない「スーパーキャッシュ」なる電子マネーを開発した。

スーパーキャッシュが興味深いのは、国内の銀行が結集して、NTTの電子技術を利用することで、電子マネーをリードしようとしたことだろう。じつはクレジットカードのVISAが、その1年前に渋谷を実験区域として、電子マネーとしても使用できるキャッシュカードの利用実験をおこなっていた。銀行はそれを知って危機感を抱き、「スーパーキャッシュ」発行を決断したのだ。こっちは銀行のキャッシュカードと電子マネーを合体させたので、パソコンからも取引ができ、また新宿のリアル商店でもカードで買い物ができるシステムとなった。おまけにNTTの技術が活用されているから、電子マネーにお金を補充するのも、また電話をかける場合の課金も、すべてカード1枚でおこなうことができた。

と、ここまで聞いたからには、かならず来るであろうデジタル経済の明日が見えてくるにちがいない。わたしはこの実験の開始から1週間後のある日を選んで、スーパーキャッシュを使う最初の買い物に出かけたのだった。

ここからが、驚きの結果になる。その日、勇んで新宿に出かけてみると、そんな世界的な実験をしているという気配はなかった。実験開始をうたう広告や告知もないのだ。

専用の公衆電話機でカードにお金を補充できるというので、まずリアルの買い物をするためにお金を補充しようとしたが、専用機がどこにあるか表示が見つからない。それなら公衆電話で補充しようと思ったが、どの公衆電話にも補充機能がついていない。その後、富士銀行（当時）新宿西口支店で専用チャージ器を発見。首尾よくインターネット回線で口座からお金をカードに移すことができた。

しかし、それは驚きの序曲にすぎなかった。まず電子カードでかけられるスーパーキャッシュ対応の電話器（色がグレー）を探したが、見つからない。しかたなく百貨店などでグレー電話の置き場所を探し歩いたが、どこの案内所でも、グレー電話の場所を知っている人がいなかった。スーパーキャッシュの実験をしている地区であることも知らない人がたくさんいた。だいいちNTTのオフィスにさえグレー電話がないのだ。髙島屋の案内所でようやくグレー電話1

台の居場所を教えてもらえた。

さて次は、いよいよリアルの買い物であるが、ここでもさらなる驚きが待っていた。ヨドバシカメラでフイルムを買い、キャッシャーでスーパーキャッシュを出すと、おもしろいことが起こった。

店員さんはまず従来のレジスターで金額を打ちこみ、2枚つづきのレシートを出力し、こんどはレジスターで印字したレシートを見ながら、スーパーキャッシュ処理機に金額を入力したのだ。要するに、店用の取引記録はレジスターに打ちこみ、そのレシートを持ってスーパーキャッシュの処理機にカードを差しこんで銀行口座の引き落としをする。これでは作業がダブルに増えるだけで、まったく電子化のメリットがない。

それで、次に近畿日本ツーリストで旅行代金を支払うことにした。スーパーキャッシュを出してみたら、1回の決済の上限額が決まっており、10万円以上の金額だったので決済できなかった。そして、いちばん多かったのは、スーパーキャッシュのカードをクレジットカードと勘違いされることだった。

正直にいうが、これじゃあ電子決済など日本では夢の夢だと思った。だって、無理もないのだ。その日は全部で10件の買い物をしたのだが、どのレシートを見ても、取引番号が001番だったからだ。つまり、わたしが最初のスーパーキャッシュ利用客だった!! 場所が新宿で、しかも実証実験開始後1週間が経つというのに。

このときの実録は、あとで雑誌に載せたが、今読み返してみると当時の真相がよくわかる。わたしはこの体験を個人史の貴重な記録と考えている。

あれから25年を経た今、コンビニでスマホ決済をしている若い人たちの姿を見るたびに、ちょっと前まで電子マネーはこんな状態だったんだと話したくなる。誰も信じないと思うが。

結論は、自分で体験すること、自分で考えること

右の実例で、何でもできるかぎり自分で体験することの大切さをお話しした。**自分の体験は台本なしでどこでもしゃべれる。ということは、その知識情報があなたの身になり、肉になったことの証拠だ。**こうやって仕込んだ叡智や経験は薄れることがないし、他人にも提供できる。

それに加えて必要なことがある。血肉化した記憶や体験から、教訓や警告を引きだすことだ。

いい換えれば、総括だ。これを加味すると、あなたの体験は「叡智」となる。実践的な思考の道具となる。であるなら、ここで、**「自分で考える」**という行動の必要性を説明しておくのがいいだろう。

18世紀は「啓蒙の時代」といわれ、それまで固定的な決まりや定説に従って考えてきた人間に、自分の常識や関心の持ち方にしたがって自由に世界を見る、という知の革新がおこった。これを「啓蒙」という。頭の中の曇りや霧という「無知」を追い払うことである。

フランスにヴォルテールという知恵のある人が出たおかげで、啓蒙はずいぶん教え方の手段

が変化した。今風にいえばマンガで教えるのとよく似た「おもしろいストーリー」を活用して、楽しみながら教えることを始めた18世紀の哲学者ヴォルテールは、『カンディード』と『ザディグ』という途方もなくおもしろい小説を書いた。とくに『ザディグ』はすごい。自分でよく考えるためのノウハウを教えてくれたのだ。

ザディグというのは古代バビロニアの青年であり、物事を自分で考える力、すなわち「理性」を持っていた。そのエピソードの一つはこうだ。

世の中にうんざりしたザディグは動物や植物の研究になぐさめを見いだしていたが、あるとき女王の犬と王の馬が行方不明になり大騒ぎとなった。ところがザディグは犬や馬を見たこともないのに、その行方をピタリと当てた。散歩しているときに奇妙な犬の足跡を見つけたからだった。

片方の足跡の付き方が変なので、足が悪い犬、乳房を擦ったような筋もあるのでメス犬だと考えた。そして長い耳を引きずった跡もある。ザディグはこの特徴ある跡により女王の犬の逃げた道と判断した。馬のほうは、狭い道の両側に木の葉が落ちており、みごとにととのった蹄鉄の跡が残っていたことから、よく訓練された名馬で、しかも長い尾を左右に振りまわして走ったために道の両脇に木の葉が落ちたと考えた。これは王の馬のような大きな駿馬でないとできない駆け方だと判断できた。

動植物の研究のおかげで、見てもいない王と女王の大切なペットの行方をさぐりだしたのだ。まるでシャーロック・ホームズのような推理法だが、これこそ自分の持つ常識や推論から真実をさぐりだす方法といえる。

わたしもサラリーマン時代、昆虫採集ばかりしている先輩が、ザディグばりに事件を解決した話を聞いたことがある。輸出した缶詰製品にハエが入っていると海外からクレームをつけられた。そのとき先輩は、昆虫の知識を発揮して、問題のハエが外国産の種であることをつきとめたのだ。結果、国内で生産したときに混入したのでないとわかり、会社は責任を負う必要がなくなった。

これなど、好きな知識が身を助けることの典型だろう。ふだんは社内で「昆虫マニア」と批判的なニュアンスで呼ばれていた先輩だったが、それ以来誰も批判しなくなった。

偶然が起こす愉快な奇跡——セレンディピティ

ついザディグの話が長びいた。こんどはもう一つ、「セレンディピティ(serendipity)」という現象を紹介する。これも18世紀のイギリス人ホーレス・ウォルポールという物好きがスリランカの王子の話として広めたもので、これもあたらしい「知識のつかみ方」といえる。

スリランカはむかし、セレンディップの国と呼ばれた。そこの王子3人が旅の途中、次々に出合う出来事を、ザディグと同じような「別の目のつけどころ」から解決する物語だ。

たとえば王子は、ラクダが行方不明になって探している商人に出会う。王子たちは、見たこともないこのラクダの特徴を即座にいいあてる。じつは3人は途中で奇妙な「動物の通った跡」に出合ったからだった。道の片側だけ草が食べられているので、そのラクダが片目であって片側の草しか見えなかったと考えた。また、足跡が3つしかないので1本の足が悪く、アリが道筋に集まっていることなどから、バターと蜜を積んだ足の悪いラクダにちがいないと推論したのだ。

ウォルポールは王子たちの賢さが「一見関係のないものごとをつなぐことで発見にいたる」理性の使い方として、こういう「偶然のような組み合わせ」による発見スタイルを「セレンディピティ」と名づけたのである。日本でいうなら、まさに因縁と因果の物語といえる。でも、この話、さっきのヴォルテールのザディグに似てないか？　そう、ザディグもセレンディピティも、元ネタは14世紀にイタリアで訳されたペルシアの童話だったのだ！

わたしは、たしか高校生のころにこの「セレンディピティ」と出合った。そして、好きなことを勉強していれば、それがいつか自分の役に立つこと、別の分野でも趣味の知識を生かせるチャンスが訪れるということを学んだ。なお、セレンディピティというむずかしい英語を、わたしはテレビの「ディズニーランド」で聞いて、お気に入りになった。この中で**「偶然が起こす愉快な奇跡」**という、セレンディピティの歌が流れるのだが、わたしの座右の銘にもなっている。

こうしたセレンディピティの事例は19世紀以降、とくに科学界で多く出ている。もっとも驚くべき事例は　あのノーベル賞を創設したアルフレッド・ノーベルではないだろうか。ノーベルは、ニトログリセリンと呼ばれる爆発性物質を綿や珪藻土《けいそうど》などの媒質にしみこませて安定化する方法を思いつき、安全に移動などができるダイナマイトを発明した。これが兵器にも使われたため、ノーベル賞を運営するノーベル財団の財源になったところまでも十分にセレンディピティだが、それだけではなかった。なんと、ニトログリセリンには血管拡張作用があって、狭心症の薬に使えたのだ。

この事実は、ダイナマイト工場に勤める人に心臓病の人がほとんどいないという予想外の知見が出てから、ノーベル自身が服用するような薬剤が生まれた。ノーベルは死の兵器もつくりだしたが、それはなんと心臓病の良薬の発見にもつながったのだ。

また、有名なペニシリンの発見者フレミングも、このセレンディピティ能力を持った人だった。ある日、病原菌を入れたガラス器を放置したところ、中にカビが生えた。ふつうなら捨てるところ、そのカビのまわりだけ菌が死んでいることに気づいたのだ。フレミングは病原菌を気にしていたから気づくことができた。「気づく力」！　この力を養うものこそ、生涯にわたって楽しめる勉強、つまり好きでやっている勉強なのだ。

人は一途に取り組んでいるとき、意外にもまわりが見えないことがあり、かえって、寄り道、つまりセレンディピティ（偶然）から〝掘り出しもの〟を見いだすほうが、脳の機能が活発化するという。この理論は**セレンディピティ論**と呼ばれ、今や脳研究の世界での共通認識になっている。

にもかかわらず、現実の社会では、セレンディピティに期待することは、どうやら非合理的で非効率的だと信じられている。それこそ愚《ぐ》の骨頂《こっちょう》としかいいようがない。人類の歴史を見ても**無駄＝非効率的だと思われた行動からたくさんの発見、発明が生まれている**ではないか。因縁の説でも書いたように、縁は異なもの、味なものなのであり、すべてのものはどこかで何かとつながっている。

結局のところ、無駄か、無駄ではないかを考えて行動したからといって、いい結果が得られるとはかぎらない。とはいえ、やみくもに何でも学ぶというのではかえって難しい。それでは、どうやって勉強する対象を選べばいいのか。

スポーツ新聞を読んでいるときに、仕事のヒントを得たというような、一見無駄なこと、本筋とは違うことが何かの役に立った経験を、誰もがしているはずだ。受験勉強の合い間にマンガを読むのもいいだろう。最近のマンガは綿密なリサーチに基づいた作品も多いので、ヒントとなる手がかりが無数に潜んでいると思う。

もちろん、夜中に隠れて観るアダルトビデオだって、のちにどんなヒントをくれるかわからない。韓流ドラマも好きなら観るべし。韓国語を学びたくなるほど、熱中すべし。

不人気なものにこそ、宝が眠っている

そういうわけで、こうした思わぬ成果をすこしでも手に入れられそうな方法を伝授する。それは、**思考に「偶然」を招き入れる**ことだ。関心の幅を広げるためには、宝探しをするつもりで、いろいろなことに触れることが大切だ。中でも、誰も手をつけないようなものには、あえて触れてみることをおすすめする。

なぜなら、そうした不人気なものの中にこそ、大きな宝が隠されているケースが非常に多いからだ。

すでにお話しした因縁と因果の説を思いだしていただきたい。恋愛結婚ではなく、見合い結婚、すなわち知らぬ者同士の縁談を仕組むこと。そして、この因縁説をいちばん有効に発揮させるには、他人が選ばないような相手とあえて縁組することなのだ。

わたしは、これを実人生でも実践してお見合い結婚をしたが、思ってもみないベスト・パートナーに恵まれたと思っている。

ＡＢＣ分析とガマガエルの胃袋

そこで、説明をもっと社会的なできごとに置き換えてみよう。みなさんは、「ＡＢＣ分析」ということばを聞いたことがないだろうか。

ＡＢＣ分析は「重点分析」とも呼ばれ、たくさんあるものを整理し、大事なものを順に並べて、プライオリティをつけて管理していこうとするシステムである。経営のあらゆる面で活用できる有力な管理手法の一つといわれている。

具体的には、次のように分けて管理をおこなう。

Ａ：主力商品＝よく売れるもの
Ｂ：準主力商品＝そこそこ売れるもの
Ｃ：非主力商品＝めったに売れないもの「不人気商品」

通常、Aはどの業種においても全体の1割か2割。残りは半分がBクラスで、AとBを足すとだいたい全体の7割ぐらいだといわれる。残りの2割、3割がCにあたるが、これらの商品については、学ぶことさえ時間と労力の無駄と判断されるのがふつうだ。したがってCクラスの商品は通常切られる運命にある。

たまたま1年に一度ぐらい奇跡的に売れたとき、「うちにこんな商品があったのか！」と扱っている当事者自身が驚いてしまうような商品。それがCである。

そして、このCに目をつけることが、宝を掘りあてることにつながる場合は多い。

AやBが売れるのは、誰にとっても当たり前だ。しかし、誰にも注目されていないCを自分のアイデアや工夫で売ったとしたら、AやBを売ったときよりもおもしろいだけでなく、周囲からも高い評価を得るはずだ。

わたしの場合、興味を持つのがたいていCにあたる不人気商品のような存在なのだ。誰も手をつけたがらない、人から見放されたものなので、それを探求するということは、未開の地に孤独に挑む開拓者のようなものだ。

しかし、よくよく考えてみれば、まだ知られていないものをはじめて世に送りだすことは、すでに知られているものを同じ形で売りだすよりも必然的に高利益になる。もし、その鉱脈にぶちあたれば痛快なだけでなく、深い満足感と自信にもつながっていく。

しかも、それに関心を持っている人間自体が稀少なのだから、Cを探求して得た知識は、その人にとっての「売り」であり「強み」にもなるわけだ。

そもそもAという人気商品のような存在自体も、元をたどればCのようなマイナーなものであったりする。

勉強に置き換えれば、多くの人が一生懸命やっている勉強法は、A。すでに人気のあるものを目標としている。これでは、何か見つかったとしてもすでに諸権利が取得済み、ということになる。だが、全体の1〜2割しかないあたらしい方法を求めれば、競争も激しくないので、そこであらたな発見をしたり、オリジナルな何かをつかむことは容易になる。

そういうわけで、Cのような不人気で評価の高くないものをいかに加工し編集するか、その意味を再発見できるセンスを磨くことこそ、勉強の醍醐味だと思っている。

ABC分析から不人気商品の魅力と可能性について述べたが、とはいえ、不人気商品を選ぶと、周囲に理解されないことが往々にしてある。だが、**周囲に理解されていないなと感じたときは、逆に「しめた!」と思っていい**のだ。「何で理解してくれないんだろう……」などと嘆く必要はまったくない。

そこで思いだすのが中学時代、先生に「いい本を読むように」といわれたときのこと。わたしはゴミ虫の図鑑こそがいい本だと思い読んでいたのだが、「そんなものではなく、野口《のぐち》英世《ひでよ》の伝記にしなさい」と叱られた。野口英世の伝記のように、教育者が認めるいい本を選ぶというのは、選挙で当選しつづけている代議士にわざわざもう一票を投じるようなもので、表現は下品だが、「盗人《ぬすびと》に追い銭」というに等しい。

それならばむしろ、わたしは落選した人に関心を向けたい。そこに真の価値を見つけ、それなのに「なぜ落選したのか」を考えるほうが、断然おもしろく、多くを学べる。不人気であっても、根気よく付き合っていくと、どんなものにも必ず魅力が出てくるものだ。その魅力を多くの人に知らせることができたら、それはあらたな知の創造となる。

不人気なものの中から宝を見つけるには、「何でも食ってやる」の精神で臨むことである。たとえば歴史。千年も前の出来事や人物に関心を持つというのは、冷蔵庫に眠っていた賞味期限切れの食品を食べることにも似ている。それには少しの勇気と、少しの好奇心が必要で、しかもタフな胃を持っていないといけない。そこでお腹が痛くなったりするようではダメである。ガマガエルのごとく、飛んでくるものすべてを飲みこむほどの強靭かつ大きな胃袋を持つことだ。口に合わなければ、吐き出せばいい。

悪食《あくじき》になることで、興味の間口はぐんと広がり、宝を探りあてる確率も高くなる。

さて、ガマガエルの譬《たとえ》が出たついでに、もう一つ書いておこう。勉強というと基本は「記憶すること」だと思っている人が多いのではないだろうか。長年の日本の受験教育の弊害で、学ぶより「記憶」に重点を置く傾向がいまだにあるようだ。つまり、ガマガエルみたいに悪食になって、どんどん知識を集めたがる人が多いのだ。

しかし**本来の勉強とは、その知識を「使う」ためにある。**「使う」ということの意味は、日常的に活躍できる道具だということにある。ところがわたしたちは無意識に、得た知識を当然のように使うくせがある。だが、どんな知識もそのままで通用できる期間は長くない。最近では、スマホなんかの寿命はいちじるしく短くなり、古い機種では「ガラパゴス」とからかわれるほどの変化のスピードなのだ。

だからこそ、知識は絶え間なく磨きあげていなければならないし、このアップデートを怠《おこた》ると、時代に取り残される。

では、どうしたらそのように時代遅れになるのを防げるかというと、ここでもまた、発想を柔軟にして、あたらしい現象にぶつかったときに、それまで蓄積してきた知識を並列的につなげて補強することが必要になる。そこでやっと、ザディグの方法と、セレンディピティの方法の使いどころがやってくるのだ。

まず、ザディグの方法だが、なるべくたくさんの現場を調べて、手がかりを集める。そして、この手がかりをつなげていくと、何らかの仮説が浮かんでくるのだが、ここで忘れてはいけないのが、理屈に合わない突飛な仮説でも、それを捨てないことだ。むしろ、仮に出てきた答えが異質であればあるだけ、よろしい。

さて、次に使う発想法がセレンディピティとなる。第一の方法で出てきた仮説がいかに常識外れだとしても、ここで偶然の発見が起きてくる。つまり、偶然という名前の「あたらしい観点」が活動する。そして、むかしヨーロッパで神の知恵を借りるために二種類の文字盤をまわして出てきた文字の組み合わせをあらたな神の叡智として用いた「結合術」の復活が始まる。偶然といわれるものでも、どこかが縁でつながるという「因縁」学説の活用である。

「物語」という名の森羅万象結合力

ここまでは理解してもらえたとして、問題は次だ。いくらおもしろい知の縁組ができあがったとしても、これはまだ形ができたというだけで、中身がない。中身がないから、これをどのように使えばいいいか、まるでイメージがわかない。わたしたちが蓄えた多くのばらばらな知識やイメージを、ある「概念」にまとめあげなければいけない。

食事にたとえれば、おいしい食材までは集まったものの、レシピがなければわたしたちが楽しんだり頼ったりする「料理」にならない。知識を料理して栄養豊かな御馳走にしなければ、せっかく発見した新食材も、ただのあだ花に終わるだろう。

あるいはもっとわかりやすい例を引くなら、どれほど深い知識や概念や哲学が書かれたにしても、これを読み解けるだけの教養がなければ、本を読んでも意味がない。しかし、この中身を映画や音楽や舞踊にして眺めればどうだろう。文字で読むよりはもっと簡単で、読解技術も必要でなくなる。それで、かつては難しい哲学などを論じた膨大な本に、挿絵がたくさんつけられた時代もあった。近世のヨーロッパでは挿絵本がニューメディアになったし、古代では最初の知識体系といわれる神話を演劇として上演することがおこなわれた。

とするならば、せっかく因縁やセレンディピティの技術によって次々に生みだされたあたらしい知識も、一つづきのメディアに載せて見物するようにできないものか。

このような視点に立って、人間が築いてきた文明文化の歴史を眺めてみると、なんと、人類はすでに古代の段階で、ものすごい「知識の劇場」を発明していた事実がわかる。

それはいったい何か？　考えなくても、あっと思いつくだろう。それは「物語」なのである。

わたしたちはすべての宇宙の理解を、「物語」というレシピにしたがって料理していたのだ。

映画を観ながら、なぜ人間がその画面に集中できるかといえば、ストーリーが気になるからである。ストーリーにみちびかれるからである。

たとえば、魔女によってお城に幽閉されたお姫様が助けを求めていれば、その片方では王子様が強敵と戦っている。この二つの状況を結びつけて、王子様はどうやってお姫様を救出するのか……とわたしたちは知らず知らずに考えている。これはすなわち、二つの状況が頭の中で「ONライン」状態に置かれ関係しあっているということなのだ。

両方の出来事は同じ土俵の上に乗せられている。「ONライン」だから集中力が途切れることなく、最後のハッピーエンドまで両方がつながりあっていく。そうして今、観ていた映画が一つの塊《かたまり》となって、全体像が見えてくるというわけだ。

すこし難解な表現を使うと、人間は物語を通して「共有の理解」を手に入れたといえる。人間の知をとりまとめ、どこかにみちびき、誰にでも美味しく食べられるかたちに調理する力。これが物語の力であって、はっきりいえば、わたしたちはいくつかの根源的な物語を入れ替え、変化させ、あたらしい要素を混ぜこみながら生き延びてきた。

「バナナ神話」と究極の二択問題

わたしは今、みなさんにすぐお見せできるような**「物語の起源」**を特定できないけれど、かなり可能性の高い候補なら挙げることができる。たとえば神話、それも創造神話に「物語の先祖」と呼ぶべきものが潜んでいるような気がしている。

わたしがこれまでに出会った神話には、どうやら「神の最初のことば」が存在したようで、その形式は、直感するところ、**「問答」**という形式が採られていたらしい。とりわけ、地上の生物にとって絶対的な意味を持つ「問答」は、「死とは何か」と「生とは何か」と、入口と出口に関する問答だろう。これはほんとうに「最初と最後の大問題」であり、現在もなお明確な答えが出ない。極端にいえば、人間は文化文明を持つ前から、何十万年ものあいだ悩み抜いたこの問題に対し、今も全学問分野を総合して答えを出そうとしている。

そういう疑問の解決を目の前にしたら、わたしたちだって人類の一員として、答えさがしに加わりたくなるだろう。試験勉強や課題解決の思考実験なんぞ、多少苦しんだって、たいしたことではない、とあらためて感じるはずだ。

しかも、ここがもっとも大切なのだが、この根本的疑問に少なくとも共感できる答えを出せたのは、現代人ではなく、科学も哲学もない古代人や、野生生活を送る人々たちだけという現実がある。彼らはその答えを「神話」という形式で見つけだした。いうまでもなく、「物語」の原型がそれだ。まさに**古代知こそ、有効な思考形式**だったのだ。


わたしは長年にわたる読書生活の中で、「生と死の謎」をもっともうまく解き明かした神話群を見つけている。おどろくべきことに、この「古代知」は、日本を含めてどの地域の神話にもかならず含まれていた。

人間がどうやってこの世に生まれ出たかに関しては、神の創造によりはじめから男女が一対で創造されている。しかも最初期の人間は永遠の命を天から授かって誕生したという話が多い。物語のポイントを今すこし絞りこむために、ここでは「死の起源」というもっと切実な問題のほうに集中しよう。

世界でもっともよく引用されるこの神話の代表作は、セレベス島（現スラウェシ）で採集されたトラジャ族の神話バージョンだ。

南方民族の古代知の中に物語として伝えられた「死の秘密」を再発見したのは、近代科学文明の下で人類学を研究した者たちだ。死にまつわるこのような起源神話には、南方の話にふさわしくバナナが登場することから、『金枝編』という民族神話の研究書を著わしたスコットランドの人類学者ジェームズ・フレイザーは「バナナ型」と命名している。

バナナ型と表現しているのは、この話が一種の起源譚《たん》であって、たくさんの類似神話の鋳型、つまり「物語の母」として扱えるからだ。このバナナ神話は、ショックを受けるほどみごとに生と死の起源、とくに「死ぬことの原因」を解明している。

あらすじは、次の通りだ。

太古、世界は天と地の間がとても接近していたので、人間は、創造神が縄に結んで天空から下ろしてくれる食べ物をもらって生きていた。神のおかげでずっと死ぬ心配がなかった。でも、人間はぜいたくというか好奇心が強く、神が下ろしてくれる食べ物にちょっと飽きていた。そこへある日、神が石を下ろした。最初の人間である夫婦はこの石をどうしたら食べられるかわからなかったため、もっと別の食べられるものを下ろしてほしい、と神に頼んだ。神は石を天に引きあげると、こんどはバナナを下ろした。人間の男女は喜んでバナナを食べた。すると神が天上から告げた。「人間の男女よ、おまえたちはバナナを食べた。これからおまえたちの命もバナナの生命と同じになるであろう。バナナの木は子をもうけると、親木が腐って死ぬようにできている。したがっておまえたち人間も、子を産んだら腐り果てて死ぬこととなるであろう。ただ、そのかわりに子がおまえたちのあとを継ぐ。おまえたちが石を選んでいたならば、おまえたちは腐って死ぬこともなく、石の命に同じく、不変不死であったものを――。

この話を読んだとき、わたしは思った。「なーんだ。死を選んだのは自分自身だったのか！」と。この解答は、奇跡的な古代知の真実追究力を示したものだと。かれらは死の本質を見通した。だから、わたしはこの20年間、古代知の勉強をして知の起源、ことばの起源を探究することに熱中しているわけだ。ほんとうに、死ぬことを忘れるほどおもしろがり、ワンダーを感じながら。自分が幼児のころからなぜか興味を抱いていた自然の生命界や霊の世界のことは、この「古代知」の残り火がまだこころの中でくすぶっているからだったのかと納得した。

古代ギリシアの偉大な数学者、アルキメデスに次のようなエピソードがある。王がかぶる冠が純金製かどうかを鑑定せよと命じられたかれは、その解決法に悩み苦しんでいたが、ついに疲れ切って湯につかったという。崩れ落ちるように身体を浴槽に沈めたとたん、湯があふれて、浴槽から流れ出た。しかし、この偶然が思いもかけない解決法に結びついた。

そうだ、王冠を浴槽に沈め、お湯のあふれる量をはかれば、純金かどうかがわかる。かれは感極まって、思わずギリシア語で「エウレカ！」、見つけた！と叫んだという。このように、偶然が与えてくれる思考の例は、しばしば世界を変える知を生んだ（くわしくはセレンディピティの話を参照）。わたしの場合の「ユリイカ！」（日本での呼び方）は、まさにこの瞬間に降臨したと思う。

それにしても、不死と死が天秤にかけられ、それを人間自身が選んだという発想には、頭を下げるしかない。わたしはこの神話を知って、死ぬことの原因が人間自身の選択にあったことの意味を深く考えてしまった。

この物語は、天の運命《さだめ》とあきらめていた死が、ただ欲張りな原人類の「選択」、つまり自由意思によっていたことを明かしたため、わたしたち人間は振りあげたこぶしの下ろしどころがなくなった。人間には進歩をめざす権利もあるが、「自滅」を選んでしまう自由も与えられていたことを教えられた。これぞ、物語の中の物語である、と。

たしかに、こういう形で提示された選択なら、欲望に弱い人間は即座にバナナを選んでみせるだろう。みずからが石を選んだ不死の神は、人間に不死を与えたくなくて、わざと、おいしいバナナを選択肢に入れたところが、ほんとうに憎らしい。神はたぶん、人間の弱みにつけこんだ、最悪の詐欺師だったのだ。だからこの物語は、人間へのショッキングな警告ともなる。

このような手段を発明した古代知とは、いったい何なのだ、とこころから感じた。

そこで世界に残る神話を調べまくったところ、ほとんどの神話、すなわち『ギルガメシュ』からギリシア神話、『聖書』ではアダムとエヴァの楽園追放物語にまで、このバナナ神話がふくまれていることに二度おどろかされた。そして日本の神話にも、ほんとうにコピーでもしたかのようにそっくり似た物語が見いだされる。『古事記』にも『日本書紀』にも語られるイワナガヒメとコノハナサクヤヒメの話だ。

『古事記』バージョンから、要約を引こう。

天孫として中つ国に降り立ったニニギノミコトは、山の神とされるオオヤマツミの娘で絶世の美女といわれたコノハナサクヤヒメ（咲き誇る花のように命輝くことを表現した名）と知り合った。オオヤマツミは天孫にこの娘を嫁がせるが、姉であるイワナガヒメ（岩のように永遠に変わらない不死を表す名）も、ともにニニギノミコトに嫁がせた。しかし、イワナガヒメは容姿が華やかでなく、石のようだったため、ニニギノミコトは姉姫をオオヤマツミのもとに送り返した。つまり、ニニギノミコトは二人の妃のうち一人を自分で選んだ。

姫の父であるオオヤマツミは烈火のごとく怒った。「わざわざ姉を一緒に嫁がせたのは、妹姫にはない岩のような永遠の安定を天孫に得ていただきたかったからだ。その気持ちを踏みにじったからには、天孫は短命となるであろう」と。こうして天孫の子孫であるヤマトビトは死ぬことが定めとなったというのである。

日本にはバナナがなかったから、うつくしく華やかな花を代わりにしたのだろう。しかし、美と不死の二者択一も究極の選択であったこと、ならびに絶妙な誘導尋問になっていることにかわりはない。

人類は死の起源について、自分自身で蒔いた種に起因しており、いわば自業自得の物語であるという事実をつかんだのだ。わたしがあなたに、知の起源としての漢字や神話について勉強をすすめる理由は、このような「古代知」、いい換えれば解決不能の問いに対する叡智の視線を、ぜひとも取り戻してほしいからだ。また、古代知が説明の手法として発明した「物語」の機能もぜひ役立ててほしい。わたしがさまざまな場所で古い話の引用やらことばの原型の解説やらをはさむ理由もここにある。

脳に「ONの世界」を持つと、強力なONラインができる

世間的にいえば、わたしのように趣味を仕事にしている人間はオタクといわれるかもしれない。実際のところ、仕事と趣味が一致していると、仕事＝ON、趣味＝OFFというふうに分けて考える必要がなくなる。むしろ両方が常にONの状態だといえる。それに対していわゆるオタクは、OFFの世界だけで生きているように見える。なぜなら、オタクの知恵を自分の仕事につなげることがないからだ。

OFFの世界では、ジャンルをまたぐような膨大な知識や興味を生みだすことができない。別のいい方をすると、オタクは、たとえばアニメという興味に関する大きくて立派な〝窓〟を持っているが、その窓には覆い戸がついており、アニメの世界だけに向かって開かれている。そして、ほかの壁面には窓がなく、外界と接触する手だてがない。

窓が四方に、たとえ小さな窓でも開かれていたらどうだろうか。小さな窓からもさまざまな知識が入ってくることで、大きな窓から見えていた景色が違ってくるはずだ。

たとえば、俳句が好きな人はたくさんの季語を知っている。ふつうの人なら気づかない季節感を、季語を手がかりにして敏感にキャッチすることができる。いっぽう、世間は季節によってファッションや暮らし方や話題を変えていく。季語や俳句という窓を持っていることで世間と強いONラインができるはずなのだ。

こういうONラインをつくる窓＝関心領域が三つか四つあれば、世の中を多面的におもしろく見ることができるようになるのだ。仕事のネットワークもより強いものになるだろう。

だからまず、好きなことに関するいくつかの窓を持ってみよう。そこから、関心事をどんどん取りこんでみてはどうだろう。それがやがて、一つの部屋の中で融合し、強力なONのラインが生まれる。

一つ例を紹介しよう。

たとえば音楽好きの人が「音楽」というキーワードで織田信長を学んだらどうなるだろうか。信長は安土城の隣に、ヨーロッパからの宣教師たちのために神学校をつくらせた。かれはたびたび神学校に出かけ、グレゴリオ聖歌をよく聴いていたという。そこで信長が、合唱する音楽というものがマジカルに人々のこころを結びつける力になると閃いたとしたら……。

信長以前の武将は、大将が名乗りをあげ、戦士一人ひとりが戦い合う、個人を軸にした戦争をしていた。戦国武将は団体で戦《いくさ》をしたことがなかったのだ。ところが信長は、鉄砲７００丁を用いた桶狭間の合戦など、日本ではじめて集団の戦い方を取り入れ、みごと勝利を収めた。集団がある秩序をもって機敏に戦ったその裏では、ひょっとしたら合唱という音楽を使って自軍を団体行動させるというテクニックが使われたかもしれない。

西洋では早くから、戦争に音楽を取り入れていた。軍隊が音楽とともに行進するのは、単に見せ物としてではなく、軍人、さらには見ている大衆のこころを一つの方向に高揚させるためなのである。つまりグループワークさせる機能を持つのだ。グレゴリオ聖歌に触れた信長に、そのような直感が働かなかったとはいえまい。

安土城を建てる際には、信長がみずから陣頭指揮に立って木遣り歌を歌ったという。だとすれば、それを合図に重い石をみんなで息を合わせて動かすことができただろう。そんな木遣り歌の発想も、グレゴリオ聖歌にヒントを得ているかもしれない。

信長は本能寺で自刃する直前、炎に包まれながら「人間五十年……」と「敦盛《あつもり》」を歌い舞ったといわれるが、これも音楽というものへの信長の深いこだわりを連想させる。とすれば、信長は音楽を軍事行動に活用したセレンディピティ的能力者だったといえるかもしれない。

こうした発想は、異論を捨ててしまう教科書のように、異質な意見でもＯＦＦの状態にせず、複数の窓をＯＮラインでつなげることで出てくるのだ。このように強いＯＮラインを持てば、新聞を読んでいてもテレビを観ていても、いろいろなアイデアがオートメーションのようにつながり、おもしろい風景を見せてくれる。勉強とは点でなく面であり、ネットワークなんだというところまでわかってくると、脳がガンガン喜んで、あちこちで勝手にピカピカと光りだすのである。

渋滞学が教えてくれるもの

掘りだしものを探す、いちばん人気を外す……など、一見、非効率的な行動が価値を生むと述べてきたが、近年、数学者の西成活裕《にしなりかつひろ》さんが独自の発想を現実の交通渋滞解決に活用して話題になるなど、**「無駄な勉強の価値」**に多くの人が気づきはじめている。

資本主義社会が成熟した現代において、マニュアル通りにやってもうまくいかない、もしくはあるレベルで成長が止まってしまう。そんな今だからこそ、マニュアルから外れた無駄の中から、あらたな可能性を見いだしたいと多くの人が願うのは当然だ。

無駄とは、いい換えれば〝未知なる可能性がある〟ということである。今の時代、無駄を活用して可能性をどれだけ掘り起こせるかで、ビジネスの現場で生き残れるかどうかが決まるのではないだろうか。

無駄な勉強の重要性については、西成さんとお会いした際、お互いに意気投合したことがある。「荒俣さんのやっていること自体、無駄学の一つのケースでもあるんです」といわれたが、わたし自身も西成さんが書かれた『渋滞学』を読んで、非常におもしろい発想だと感じた。渋滞学もまた、無駄学の一つである。

西成さんは渋滞が発生する現場で、さまざまな渋滞回避のアイデアを実行した。その結果わかったのは、「マナーを守れば渋滞にはならない」ことだったそうである。

その証明を、たとえばアリの行列で示したところがおもしろいのだ。西成さんはアリの行列が渋滞しないことを知り、それはフェロモンの力で等間隔に列をつくらせるためであることに思い至ったという。だとすれば、車の列も同じではないか。そこで西成さんは高速道路に出てみた。

西成さんによれば、高速道路では車間距離を40メートルキープする決まりだが、それを守っていると「何やってるんだ、詰めろ！」と後ろからクラクションを鳴らす人がかならずいるという。それでも頑張って、「30分、我慢してください」といいつつ車間を守っていたところ、ヤクザ風の男に殴られたことまであったそうだ。

ヤクザ風の男に怒鳴られてもじっと我慢し、殴られたり脅されたりする恐怖を乗り越える。するとクラクションを鳴らす車は機会をうかがって追い越していき、次第にいなくなる。やがて途中で割って入る人間がいなくなり、みんな40メートルの車間距離をキープするようになる。その結果、渋滞は解消されるというのだ。

「自分が殴られても、高速道路ではかたくなに40メートル車間距離を保っているのは、誰もがそうすれば自然に渋滞が解消されて、バイパスを建設する必要がなくなることを示せるからなんです」

「渋滞を解消するのは、結局のところ、イライラせずに我慢できるかどうか」だと西成さんはいう。西成さんのこのことばを聞いて、すばらしいと思った。「自分がほんとうに実践して証明しないかぎり、警察も動いてくれない」そうだが、まさに利己主義の反対、「利他主義」のお手本というべき行動だ。

西成さんとの会話を通してあらためて感じたのは、**利他主義になれば、世の中が明るくなる、**ということだった。むかしに比べて、わたしたちは自分中心になりすぎているのではないか。膨《ふく》らんだ利己主義が、いたるところで人間関係の渋滞をつくっている。「渋滞学」は、そんな本質的な問題に気づかせてくれた。

西成さんとの会話の中で、渋滞を回避するために「利他シール」をつくって全国の自動車運転手に配ったらどうか、というアイデアが持ちあがった。「お先にどうぞ」という合図である。この運動を発展させれば、無駄に税金を使って、バイパスをつくる必要もなくなる……。

と、こんなふうに、無駄な研究にも思える「渋滞学」からいろいろなアイデアが生まれるのだから、無駄学をバカにしてはいけない。

「わからない」ことは埋蔵金になる

先述したように、世の中に不必要なものは基本的にはない、とわたしは考えている。**無駄だ、無意味だと思えることでも、かならずどこかで役に立つ部分がある**ものだ。

でも、そうやって出会う知識や情報の中には当然、理屈で理解できないもの、あるいは感覚的に納得がいかないもの、つまり「わからない」ものが出てくる。ふつうの感覚ではちょっと歯が立たないものが多いのだ。そんなとき、どうしたらいいのか。

答え↓**わからないものはそのままにすればよい**

「な〜んだ」と思われるかもしれないが、これがいちばん簡単であり、なおかつ効果的な方法なのだ。わからないというのは「納得できないし、同感もできない」ということである。

よい例が英語の勉強だ。翻訳できない文章にぶつかって、いくら辞書を引いても意味がはっきりしないときには、そのままにして先を読み進めていく。すると、あとから出てきた情報のおかげで、前はわからなかった文章がごく自然にわかってくることが多い。

いっぽうで、わかるというのは、「納得し、同感できる」ことでもある。この「納得と同感」が勉強においては非常に大事で、これがなければ血肉にはなりえない。いくら努力したところでわからないものはわからない。まさしく〝バカの壁〟である。バカの壁にぶつかってどうにもならなければ、それをいったん留保しておいて先へ進むほうが賢明だ。

ところが、わからないで飛ばしたものでも、自分にとっての「埋蔵金」になる可能性を孕《はら》んでいる。これは将来、自分にとって10万円の価値が出てくるかもしれない。もしかしたら1000万円になるかもしれない。あるいは1億円かもしれない。いずれにしろ、5年後、10年後、自分が違う立場になったとき、手をつけずにいたこの「埋蔵金」を見直すチャンスがやってくる。

学校の授業で、先生がいったことがよくわからなかったとする。でも、わからなかった、という記憶はのちのちになっても残るものだ。

「わからないことは努力しない」というのは、「わからなかった」という記憶を残しておいて、のちのち必要なときに役立たせよう、ということでもある。つまり時期を待つ、じっくりあたためておく、ということなのだ。「わからなかった」という思いが、あるとき、「ひょっとして、あのことだろうか……」と何かに結びつき、あらたな勉強につながることがある。こうなると、「おもしろい」という実感が伴ってくるから、以前とはまったく別ものになる。

わからないことを無理に、適当に、上辺だけで理解したり、「理解できない」と決めつけてしまわずに、記憶というタンスの中にしまっておく。もちろん、捨ててしまうだけでは永久に取りだせないが、記憶としてしまっておけば、いつか取りだして、もういちど学ぶことができる。

そうやって自分の中に埋蔵金がたまっていると、周囲には「ん？　この人は何か持っていそうだ」と感じさせるようになる。「何かやってくれそうだ」という雰囲気になる。つまり、「わからない」という埋蔵金がたまることは可能性が減っていくのではなく、反対に学ぶことの可能性、ひいては人としての可能性を広げてくれるのである。

このように、わたしは勉強してわからないことがあっても、「捨てる」という作業をほとんどしない。ただ、情報や知識は自分の頭の中のタンスにしまっておけるが、本や資料はそうはいかない。それで机の上はいつもぐちゃぐちゃぐちゃとなる。あまりの汚さを見かねた妻に本を捨てられることもしょっちゅうである。

大事な資料を失った哀しみで一晩泣き明かすこともあるが、そのときは潔《いさぎよ》くあきらめる。どんなに好きでも、捨てられたのだから縁がなかったと思うようにしている。

恨みを持ってはダメだ。恋愛と同じで、恨んで後悔して追いかけつづけるのでは、ストーカーになってしまう。あきらめて、でもそのときの思いを記憶にとどめておく。かつて文通した恋人の手紙を捨て忘れ、年月が経ち、ふと引っ張り出してみたとき、「ああ、むかしは彼女のこの部分がわからなかったが、今はわかる。自分は誤解していた」などと感じることがあるのだ。それで思い切って電話をかけてみたら、彼女は以前と同じ場所にいて連絡がとれた……なんていうすてきな再会は、勉強においても実現できる可能性がある。

第5章

やっぱり情報整理なんていらない

勉強とは模倣である

これまで「0点主義の勉強法」とは何か、また、他人と競争せずに幸福と充実感、持続的な収入を得るために「何を選び勉強すべきか」について述べてきた。この章では「0点主義の勉強法」を実践するテクニックを紹介する。

はじめにおすすめしたいのは、**まず興味のある対象を「模倣」する**ことだ。

たとえば手塚治虫のマンガに感動し、かれのような絵を描きたいと感じたのなら、とにかくその絵を真似てみる。ゴッホの「ひまわり」に感銘を受けたなら、模倣してみよう。そうしてコピーするのがいちばんいい方法だ。

日本画の歴史をたどってみても、日本絵画史最大の画派である狩野《かのう》派では、新弟子が入門してくると、最初に名画の模写をさせたという。新人は先輩の絵を模倣するあいだに、派独特の描き方や特徴などを学んでいく。模写がうまくなると、今度は先生の手伝いをするようになり、そのうちに先生が下書きしたものの色付けを頼まれたりするようになる。こうして、一人前の狩野派の画家に育つというわけだ。

こうした模倣は芸術にかぎらない。スポーツでも仕事でも、すべては模倣から始まる。わたしの子ども時代は、お手本を見ながら絵を描かされたものだが、今でも小学校低学年の絵の教育は、こういう絵の模写を軸にしているようである。しかし模倣をいくらつづけても、ほんとうの意味で絵をマスターしたことにはならない。

次の段階では、お手本を模倣するのではなく、一歩進んで実物を写生することを始めないといけない。

今度はゴッホの「ひまわり」の模写ではなく、本物のひまわりを描くのだ。お手本がある場合、絵の描き方やテイストは決まっていて、それに沿って真似して描けばいいのだが、写生となるとそうはいかない。お手本は同じ絵であって二次元同士だったが、自然界にある実際のものは三次元。三次元のものを自分自身で二次元に置き換えないといけない。この作業には、理性と感性がいる。後ろにあるものを小さく描こうといった位置による物の大きさの見え方の違い、背景の色使いなど、模写よりもはるかに進んだ工夫や変換作業が求められるのだ。

模写がお手本をコピーする作業だとしたら、写生は自分が見たものを、自分自身で表現するアウトプット作業だといえる。

アウトプットにおいては、その人の持つ世界観が顕著にあらわれる。細部まで描写する人もいれば、見た瞬間のインスピレーションのまま黄色い丸だけを描いて「ひまわりだ」と主張する人もいるだろう。こうした違いは、個々の変換作業の差であり、ここまでくると、絵を描くということがほんとうの意味でわかってくるはずだ。単なる模写から、**「表現」というあらたな世界**に足を踏み入れたことになるからだ。

模倣は自分のものにできないが、表現は自分のものにできる。

このような絵における模倣、写実という段階的訓練は、勉強についても同じことがいえる。歴史の勉強を例にとってみよう。年号の暗記は「模写」の段階にあたる。だが、そこで終わってしまっては意味がない。たとえば1964年は東京オリンピックの年、という数字を記憶するのではなく、そのころに何があったのか、イメージとして把握することが大切だ。オリンピックは4年に一度開催される、開催地は国際政治の力学を背景に投票で選ばれる、などということがわかってくると、オリンピックのときの東京の風景が頭の中で立体的に像を結び始める。つまり、表現を必要とする「写生」の段階となるわけだ。

そこで重要なのは、この**「表現」になって、ようやく「自分の考え」「自分のオリジナル」という一種の価値が出てくる**ということだ。こうなったら、勉強がおもしろくなる。どんどん自分の「売りもの」が増えるのだから。勉強もまた表現レベルに達することで、ほんとうに「わかった！」ということになる。

一夜漬け勉強はコピーと同じ

暗記といえば試験勉強を思いだすが、試験前の一夜漬けの勉強というのは、まさにコピーを取るようなものである。

1603年に徳川家康が江戸幕府を開いた出来事を暗記するのは単なるお手本のインプットにすぎない。え？　それじゃつまらないって？　当然だ。これをおもしろくできる段階に進むには、そのわずか一行から、当時の江戸は湿地や低地帯が多く、雨が降るたびに洪水が発生していた……などなど、頭の中で風景がイメージとして湧いてくるようにならないといけない。このように暗記がイメージやアイデアをともなってくると、勉強はがぜん楽しくなる。

最初は、絵でも文章でも、自分がいいと思ったものをどんどんコピーすること。名画ばかり模写していると世界がかぎられてしまうので、あらゆる種類をコピーしてみるのがいいだろう。手塚治虫も、水木しげるも、レオナルド・ダ・ヴィンチもルノアールも、模写する対象が多種多様なほど発見がある。

模倣はあくまでも勉強の第一ステップなのだから、模倣した結果、関心を持てなければ忘れてしまっていい。まずはどんどん模倣して楽しむこと。勉強のきっかけはこれに尽きる。

「模倣」と同様に「記憶すること」も勉強の第一段階である。歴史、数式、化学式、英単語……わたしたちは学校でさまざまな記憶を求められる。何かを覚えることに関して多くの人が苦手意識を持っているが、**記憶術の基本**を理解しさえすればむずかしくはない。

まずは**アドレスを設定する**ことだ。「アドレス」というのは、多種多様な情報、記憶の中から、必要なときに必要なものをすぐに取りだすための手がかり、つまりキーワードのことだ。このキーワードは、バラバラの情報を一気に整理し分類するコード（記号体系）になっていればよい。人を覚える場合なら、「生まれ年」や「趣味」、または「出身校」などを必ず記録しておく。これで、「あ、同世代！」とか「同窓生！」とかと、人々に関する情報「取りだし口」ができる。

今の人は「覚えられない」「忘れてしまった」とよくいうが、実際には、覚えていないのではなく、情報が膨大すぎてうまく取りだせないだけなのだ。

たとえば円周率。３・１４１５９……という膨大な数字はとうてい覚えられないが、世界的にπというアドレスに置き換えられているおかげで、数式にπと出てくれれば、すぐに３・１４１５９……という実際の数字が用意されて計算に使うことができる。わたしたちはまず、このπという便利な「文字」を使えればよい。

セールスマンが、一度会った人を記憶するために、姿形の特徴を名刺に書いたりするのは、π同様、アドレスを設定している作業そのものだ。銀座のクラブのお姉さんたちが、お客の趣味、出身地などを巧みに聞きだすのも、会話を弾ませるのはもちろん、顧客それぞれの「π」を設定して頭にインプットするための基本データづくりをしているのである。

人間が努力せずに記憶できる事柄というのはけっして多くない。お店の名前一つにしても、看板の色やロゴとともに脳裏に焼きつけていたり、わたしたちは知らず知らずのうちに、キーワードやアイコンを記憶したい対象物に与えながら頭の中に詰めこんでいる。

そのことをあらかじめ踏まえておき、記憶する際にはアドレスを与えておくと、何かを記憶することも、それを取りだすことも、格段に楽になる。たとえば「車といえば○○さん」「宴会芸といえば××さん」という具合に。まさにコンピュータの検索エンジンに使うキーワードを選ぶのと同じテクニックだ。

アドレスを設定するというのは、あるできごとや現象を別のものと関連づけることでもある。

一つ例を挙げてみよう。

コロンブスがアメリカ大陸を「発見」したのは西暦1492年（最近は別の年号だともいわれるが）。そのころ、日本はどういう状況だったか。足利将軍の権威が地に墜ち、まさに戦国時代に突入しようとしていた……。複眼で世界史を眺めることによって、１４９２年があたらしい検索アドレスとなり、その年号を耳にしただけで、ばらばらだった出来事や事象が一つの大きな流れの中でまとまって出てくるようになる。そうやって整理できれば、非常に有力な記憶術のアドレスを手に入れたことになるわけだ。

ちなみに、西暦をもっともうまく活用したのはニュートンだというのをご存じだろうか。ニュートンは万有引力で知られているが、じつは各国バラバラだった暦《こよみ》を、西暦という一つの共通ルールで整理した人物でもある。

当時の世界というのは、暦の共通認識というものが存在していなかった。ヨーロッパではグレゴリオ暦何年、日本では天正何年といった感じで、それぞれの国や地域で歴史の目盛りの刻み方がまるで違っていた。しかし、西暦という共通アドレスが設定されたおかげで、今では世界中の人々が、歴史を同じ目盛りで切りとって眺めることができるようになった。歴史を俯瞰《ふかん》するコードとして、西暦はこのうえなく便利なアドレスといえる。

記憶術を身につけることは、勉強を楽しくするうえでとても重要だ。こうしたアドレスを設定し、ほかの物事と関連づけて覚えていく。この**記憶のシステム**を無意識に使いこなせるようになれば勉強のスピードは格段に速くなっているはずだ。

情報整理術は不要である

記憶力というのは、年を経るごとに確実に低下する。

学生時代、一晩で教科書を軽く1冊覚えられるぐらい、ものを覚える力に自信があったわたしも、最近は必要な情報がなかなか思いだせないで困ることがある。使いたい資料やデータを見つけだしたい場合、ほんとうに苦しむ。わが家には膨大な書籍や資料があるが、むかしは何を探しだすにも5分でできた。今は3時間、もしくは1日かけても探しだせないこともある。

膨大な資料をいかに整理するか――これはおそらく人類の永遠のテーマの一つだろう。

紙資料がメインだった少し前まではスクラップをファイルして、そこに**「インデックス（索引）」**をつける作業に、多くの企業が時間を割いていたはずだ。

わたし自身も、むかしはインデックスをつけることに多大なエネルギーを費やした。だが、情報というのは整理ができたからよいというものではなく、使ってこそ意味がある。情報を整理することで膨大な時間を費やし、力尽きたのでは本末転倒だ。そこで考えたのが、なるべく整理することをせずに情報を取りだせる力、つまり勘をいかに鍛えるか、ということだった。

やることはいたってシンプルだ。

要は本なり資料なりを部分的に再読できるようにすることである。

たとえば1冊の本を繰り返し読んだところで、読み終わったときに中身をすべて覚えているということはほとんどない。大半は忘れているだろう。なにより、1冊の本を読み終えるというのは楽なことではない。

それで二度目から以降は、関心のあるパーツに絞って繰り返し読むのを主とする。たとえば、本の中で第二章が興味を引くポイントだなと思えば、第二章を何度も再読する。そうすることで、この本は「第二章」の内容のためだけにある資料というコンパクト化が図れる。

これをコンピュータ用語でいうと、1冊を順に読む＝シークエンシャル処理でなく、部分だけに絞って読む＝ランダム処理になる。**ランダム処理こそは、コンピュータの情報管理機能の中核だが、人間の頭にだって応用が利く**のだ。

違和感を磨けば機械を超えられる

1日のうちには、決まって再読に費やす時間があるべきだ。といっても興味がある本や資料を読み返すだけなのだが、その「繰り返し力」のおかげで数百ページもある図鑑でも、なんとなく「ここにはこんな色の絵があったな、そこにあの情報があったな」と思いだすことができるようになる。

わたしが大学生だったころは、情報整理術として、カードシステムというのが非常に流行ったものだった。コンピュータでの検索が日常化した今、わたしたちはコンピュータを通して、**「情報を取りだす勘」**の代用をさせているだけともいえる。

人名、歴史的事実、形容詞……さまざまなことばの組み合わせで、コンピュータは膨大な情報から、取りだしたい何かを絞りだせる。これは楽だ！

ただし、ネット上にはインチキや間違いも多い。正しいという保証がない。そこで、いくつか別の検索結果と照らし合わせれば、インチキなものはなんとなくわかるようになる。人間の持つ記憶力により勘も働かせられるに越したことはない。デジタル情報を検索する際も、自分の頭を参加させておくことは、複雑なシステムであればあるほど有効になる。勘、とくに違和感を鋭く磨いておけば、あなたは機械的情報管理のいうなりになる必要もなくなる。

繰り返すが、使える情報の多くは、デジタルデータにはまだ拾われていない。機械の中をさがすだけでは、まだ解決もヒントもつかめないのが今の状態だ。古本や雑誌のバックナンバーを大切にすることは、当分わたしたちに作業として残される。

さらにいうなら、わたしはすばやく再読できることを考えて、たとえコンピュータで読める資料でも、必要なものは本の形で買うことにしている。文庫本でも単行本でも、手がすぐに届く身近なところに置けば、その情報を何度でも再読できるからだ。ちなみに、わたしはトイレに書棚をつくり、風呂には台を渡して、そこで本を読むことにしている。トイレは完全個室なので集中できるし、風呂は蒸気があってドライアイを防いでくれ、読む能力がアップするので、ぜひおすすめしたい。

ただし、最近の若い人はスマホの検索を便利に活用している。歩きながらでも地図の検索をする光景を見るにつけ、おどろくほかない。

復習はアウトプットに迫られてからすればいい

わたしたちは子どものころから「予習しろ、復習しろ」と教えられてきた。しかし、予習はひょっとしたら「あたらしい出来事に対応する力」を伸びなくさせる危険があるかもしれない。むしろ、**復習がいちばん大事**というふうに考える。だが、受験勉強や資格試験を別にして、ただ機械的に情報を一から反復するのは無駄であり、必要がないともいえる。

たしかに、九九を覚える小学生のように、基礎的な勉強を身につける段階では、機械的な復習は大切だ。しかし、**ある程度、基礎ができたあとは、「復習する」という概念はあえて忘れてしまっていい**とわたしは思う。復習で問題になるのは、それをいつ、どこでやるかという二点である。「いつ」は、復習しないと仕事が先に進まないという切羽詰まった事態にぶつかったタイミング。「どこで」は、今、すぐその場で、だ。

なぜならば、復習はアウトプットの別バージョンであるからだ。自分が学んだ内容を参考にして、あたらしく自分のことばでアウトプットすることが、復習のベストスタイルだ。そうでなければ、ただの「やり直し」だ。

たとえばむずかしい表計算の方法を、今とりたてて必要でないのに復習しても、時間をつぶすだけで意味がないのと同じだ。むしろアウトプットが必要になったとき、そのインプットを活用するために復習する。必要に迫られたとき＝アウトプットするときこそが、復習するチャンスだ。そのようなタイミングは切実さがあるために、とても身につきやすいのである。

アウトプットの考え方で知識のつき方も変わる

最初のインプットというのは、いわば真っ白な空き地にデータベースという家を建てるようなものである。

復習＝すなわち2回目以降のインプットは、インプットのように見えながら、「ここが抜けていたな」「実際に活用する際に、これは問題になるな」などと、考えながらおこなう組みあげ作業だ。つまり半ばアウトプットなのであって、だから必要に迫られたときのほうが絞りこみをしやすい。

勘違いしないでほしいのは、復習とは単なるインプットの繰り返しではない、ということだ。ゆえにふたたび同じものを学ぶ際でも、実際にこれを自分の言葉で理解し直すという姿勢で向かう。

このように、必要とされたときにアウトプットするつもりで復習するのがもっとも効果的であり、復習をアウトプットとの関連で捉えておくことはとても重要だ。

前にも書いたが、1回目のインプットは、ふつうシークエンシャル処理、つまり通読という形になる。しかし、2回目にそれを読むときからは、必要情報を探すことになるので、ピンポイントでアクセスするランダム処理にするのがよい。

アウトプットは恥をかくほど堅固になる

勉強と実践を即座に結びつけるのはむずかしい。しかし、実践しないとほんとうの意味で知識が身につかないのも事実だ。ではどうすればいいのか。**学んだ知識をアウトプットする機会を日常の中につくってしまえばいい**。

アウトプットというと大げさに聞こえるが、要は**得た知識を人に話したり、書いて伝える**ということにすぎない。とくに話すことは、いつでもどこでも、話を聞いてくれる相手さえいればできるのだから、もっともやりやすい方法だろう。

わたしにとっても、こうして本を書いたり、またテレビに出て話したりすることで、アウトプットの機会ができ、知識が身になっていることを感じる。自分自身がきちんと理解し、咀嚼《そしゃく》していないかぎり、人には伝わらないからだ。

歴史の本に出てきた外国人の活躍に感動し、それを誰かに伝えようとしたとき、ただ単に「こんな偉い人がいてね……」とダラダラ話しても散漫で相手にはわからない。アウトプットの前には、自分なりに、情報のストーリー化をおこなう必要がある。情報を「物語」にすれば、人は聞いてくれるのだ。この**物語化することがアウトプットの第一歩**である。それを意識的にするかしないかで、アウトプットの質は大きく違ってくる。

ときどき、話を聞いていてもよくわからないという相手がいるだろう。それはきっと、話す人がちゃんと整理できず、自分でも理解不十分なままアウトプットしているせいだ。知識が実践に使える、応用できるというのは、自分の中でアウトプットにふさわしい形に置き換えられている、ということにほかならない。

そして、**アウトプットをおこなう際には、自分なりの演出も必要**になってくる。相手が大人と子どもでは、伝え方も違ってくる。

にもかかわらず、世の中の多くの人は、インプット（すなわち学ぶこと）のほうが大事だと考えているのではないだろうか。

それゆえインプットの仕方やコツをあぁだこうだと考えがちだが、とりあえず、インプットに関しては網を広く張るような気持ちで、大雑把にどんどん入れていく感覚がいい。インプットの段階で「整理しながら」なんていう気持ちでいたら、インプットのスピードは落ちるし、作業が苦痛になってしまうのがオチだ。

あくまでアウトプットが求められる場面に遭遇してはじめて、たくわえたインプットから必要な知識を探してピンポイントに使えるようにすればいいのだ。人に話したりネット上で何かを発言したりすることが知識や情報の整理になるのだから、そういうことを積極的にやるようにすれば、インプットは自然に活きてくる。

またアウトプットの仕方を間違えたために仕事や人間関係でつまずくこともある。だがそうやって失敗したときは、インプットされた知識を実践的に身につけるチャンスでもある。何が間違っていたのかを知り、そこから足りないものを探しだして、自分に取りこんでいけるのだから。

ようするにアウトプットは恥をかくほどよい。わたしたちは、何かを表現したり発表したりする場合、完璧な内容であることを期待する。それは自然な願望なのだけれど、完璧というのは非常にむずかしい。

そうではなく、アウトプットを公表することは、多くの人に見てもらい、検証を受けることと考えるべきなのだ。間違いを指摘されれば大恥をかくが、それは内容を訂正できるチャンスでもある。

人生なんて、死ぬまで恥のかき通し。失敗を気にしていても始まらない。

教科書なしでも学校の勉強はできる

わたしは、大学時代は読みたい本がたくさんあったので、それらを買うために出費を削ろうとして、教科書をついに1冊も買わなかった。そうはいっても試験をクリアしないといけない。そこでどうしたかといえば、講義で先生が話したことをすべて理解するようにしつつ、メモを取りつづけた。卒業までの4年間これをつづけたことが、メモを取るうえで非常にいいトレーニングになったのはいうまでもない。

大学時代には、出席日数が不足しないように講義に出るが、じつは何も聞いていなかった、という人も多いだろう。

先生たちの中には、それを見越して教科書持ちこみの試験をする人もいる。でも自分の場合、教科書を持っていないのだから、持ちこみにされたら逆に不利になる。だから持ちこみの試験をする先生の講義は取らないようにしていた。

とはいえ、教科書を見る必要がないぐらいまで講義を理解しながらメモを取るのはなかなか大変だ。ほんとうにあの4年間は、必死に講義を聞いた。

でも、好きな本を買う必要があったので、ごく自然に努力できたし、そうせざるを得なかったのがかえってよかった。教科書持ちこみの試験をしたりするから、学生が講義に集中しないのではないか、とも思えてくる。

メモとノートはまったく違う

いっぽうで、わたしは大学に入る前まで、いわゆるノートというものを取ったことがなかった。ほとんどの授業は「教科書を読む」ことが中心だったので、これをわざわざ順序よくノートに取る必要はないと思っていたからだ。そのかわり、先生がときどき口にするキーワードや体験談、あるいは人名や参考書のタイトルなどは漏らさずメモにした。

あれ、さっきはメモを取りつづけたといっていたのに……と思った人はするどい。じつは**メモとノートは違う**、とわたしは考えているのだ。ノートはシークエンシャルに取るが、メモはランダムなのだ。一冊になったノートに書くと、自然に流れが決まってしまう。しかし小さなメモ用紙に単元ごとに記入し、バラバラに切り離せるようにする。こうすると、あとでさまざまなつなげ方が可能になり、また見出しをつけることで検索取りだしが自由になる。

ノートは整理しながらシークエンシャルに書くが、メモは文字通りメモランダム。単純に書きなぐっておくだけでいい。整理は、試験のときにやるのだ。

メモにからんで、こんなエピソードを思いだす

中学時代、歴史担当のA先生がおこなったのは、生徒に教科書をただ読ませ、それにコメントする、というだけの授業だった。その先生の話を聞くよりも、図書館で古代エジプト文明の本を読んだほうが、ずっとおもしろいと感じていたわたしは、次第に、その先生の揚げ足取りをするようになった。そのとき、先生の口からふと出てくるミスや疑問をメモにしておくのである。教師から見れば、扱いにくい生徒だったにちがいない。

また、漢文の先生との対決もおもしろかった。わたしは漢文が苦手で授業がつまらないので、英語の本を読んでいたのだ。もちろん怒られて、以来、その先生は必ずわたしを当ててくるようになった。こちらも負けていられない。先生の粗《あら》を探して、逆襲を試みた。授業中に古語辞典を引いて、先生の口から出てくる古語のメモを取るのだ。その先生はわざわざ中国に勉強に行くような、今思えばおもしろい人だったが、当時は授業がつまらなかったし、毎回当てられるのも悔しかった。

そんなある日のこと、「不可避、これを書き下し文にしなさい」という課題が先生から出された。先生の答えは「避けるべからず」だった。わたしはさっそく古語辞典を引いた。すると「サケル」と読む例が、古語辞典に存在しないのだ。あるのは「避《さ》る」という読み方で、「避《さ》ける」は、比較的あたらしいいい方だとわかった。

そこで、先生に「古語辞典にないので『避るべからず』ではないか……」と質問した。ヘンなことを訊くヤツだとでも思われたのか、先生は、「次の授業までに調べてくるから」といったまま、結局最後の授業まで答えてはくれなかった。その間、「荒俣はかならず一回当てられる」ことと、「荒俣は漢文の時間で一回はチャチャを入れる」というのが漢文の授業の恒例となった。どっちも意地っぱりだったなあ、と、今さらのように懐《なつ》かしい。

相手の粗を探すこと自体はけっしてほめられたことではない。が、毎回当てられることがモチベーションとなり、わたしはメモ取りに夢中になった。というよりも、トリビアのメモの山を築いた。常に辞書を脇に置き、先生の揚げ足を取れないかと引きつづけた。そうやってメモを取っていくと、たくさんの疑問が浮かぶことを発見できた。

結局のところ、先生に対抗しようというヘンな気持ちが、勉強する目標の一つになったのだ。

ライブ感を持って授業のメモを取る

２００８年に出版された『東大合格生のノートはかならず美しい』という本がベストセラーになった。あの本を見て感じたのは、合格した人のノートはやはり情報が「視覚化」されているということだった。これはこれですばらしい能力だ。

とはいえ、**ノートをキレイに書く必要はない**。中には信じられないほどキレイに見やすくノートを取る人もいるが、学生時代、美しいノートを取ることに全神経と労力を使ってしまい、あまり頭に入らなかった……という同級生も多かった。

その逆に、メモは乱雑でもいいから、なるべく手間どらないように書く。一単元に一キーワードという形にしておけば、メモの山にはなるが、整理や清書はあとでもできる。

本を読んでいるあいだも、人の話を聞きながらでも、メモを取る。些細《ささい》なことにはこだわらず、目を凝らし、耳をすませて、ライブ感を持ってメモを取ることが重要になる。

ノートをキレイに取るよりも、内容を理解することに集中し、あとでメモを見返して学び直すほうが効率的かもしれないからだ。

いずれにしても、話を聞きながら、理解しながら、というライブ感が投影されたメモのほうが、見返して感覚的によみがえってくることが少なくない。

自分の持ち時間に制約をかける

忙しいときのほうが、かえっていろいろなことができる――これは多くの人が体験しているのではないだろうか。勉強も同じだ。わたし自身、サラリーマンと書く仕事という二足のわらじを履《は》いていた9年間のほうが、今よりも時間を有効活用し、アウトプットも多かった。試験勉強も、土壇場になってからのほうが人間、本気になるし集中できる。

だから**何かに集中して勉強しようという場合は、自分の持ち時間に意識的に制約をかけるといい**。すなわち**締め切り**を自分で設定するのである。

ちなみに作家には、締め切り以前にきっちり作品を書きあげるプロがたくさんいる反面、ぎりぎりまで書けない、という人も多い。後者の代表的な人物といえば、江戸川乱歩《えどがわらんぽ》だろう。以前、江戸川乱歩展を見たことがあったのだが、中でも惹《ひ》かれたのが、乱歩がつくった箱だった。乱歩は締め切りが近づくと、気ばらしか逃避かはわからないが、蔵にこもって蔵書を収納するためのキレイな箱をつくり、みごとなレタリングを施したりしていたという。

売れっ子で多忙を極めながら、はたから見ればバカバカしい作業に没頭した乱歩を、わたしは偉いと思った。編集者は気が気でなかっただろうが、おそらく乱歩にとっては、執筆段階で必要だったのが情報のインプットではなく、自分の言葉でまとめるアウトプットのほうだったのだろう。

仕事に追われている状況でそういう無関係な仕事に熱中することが、逆にアイデアをひねりだすのに格好の作業であったのだろう。

情報を「視覚化する」

勉強法において、知識や情報をいかに整理するかは最大のテーマではないだろうか。なぜなら、情報を自分なりの表現にすること＝アウトプットできるレベルにすることこそが、勉強だからである。

わたしの場合、知識や情報を整理するにあたっても、それを**「視覚化する」**ことを念頭に置いている。そのほうが活字よりも記憶に残りやすい。視覚化というのは、項目同士のつながりをつけること、いい換えればチャート（図表）にすることだ。年表や系統図のように関連付けができる書き方だ。

さまざまな試行錯誤を経て、わたしがたどり着いたメモ術とは、**チャートをつくるようにメモを取る**ことだった。いい換えれば、文字やことばが紙の上で動きまわるようにしてやること。これだと、第1回目に本を通読するシークエンシャル処理の段階から、同時に索引へ見出し付きのメモ取りができてしまうのだ。

図08　シークエンシャルの例 キルヒャー著「ノアの方舟」

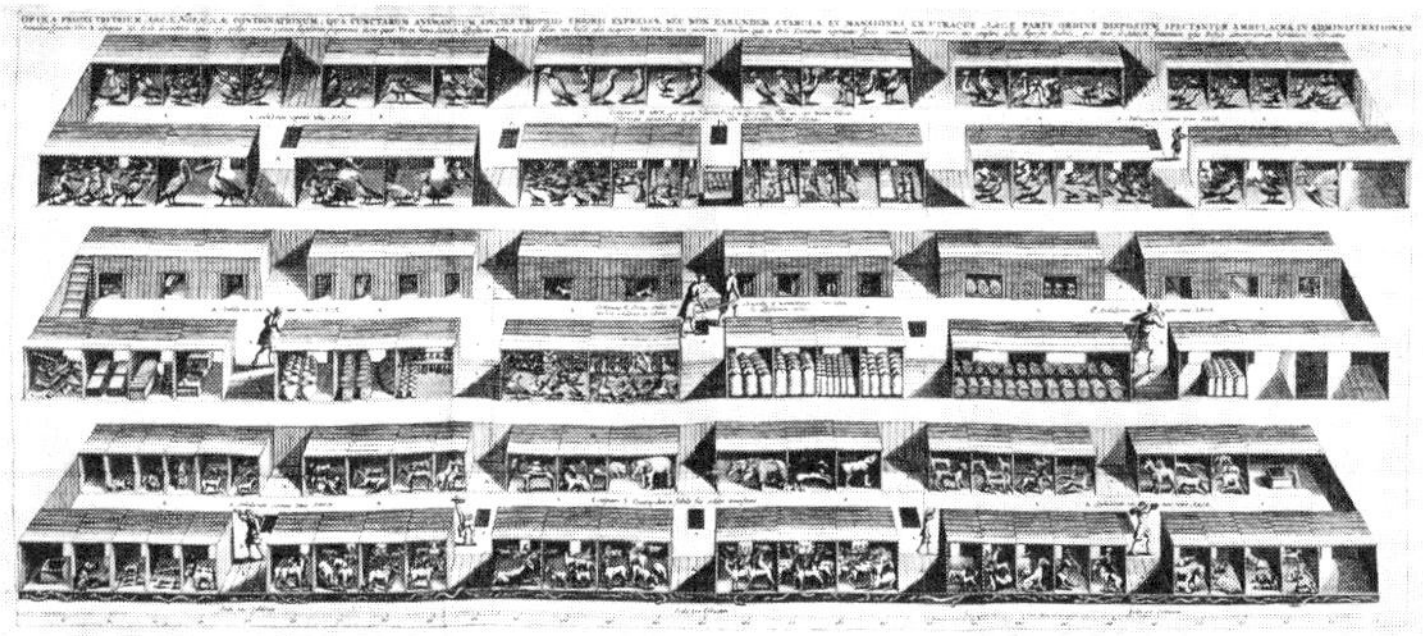

情報を順序正しく並べたり、細かく分類したりして管理することが、これまでの情報管理技法だった。本は代表的な例で、最初から最後まで読まないと内容が理解できないし、飛び飛びに読むことはタブーとされた。この図は、驚異博士と呼ばれたキルヒャーが、ノアの方舟に載せられた動物たちが、どの場所にどう収容されたかを推測したものだ。上の階ほど高等で神聖な動物、下の階ほど下等で邪悪な動物を配した結果、最上階には鳥類、船底にはヘビや虫が積まれた。しかしシークエンシャルにしすぎたため、新発見の動物を追加したりランキングを訂正することができなかった。

前述したように、単元あるいは項目ごとに一枚のカードに書きつけたメモは、あとでつなぎ合わせるものである。けれども、これだとすぐにメモの山ができるので、すぐに改良した。それは、専業の作家となったあとの「発明」だが、机に大きな模造紙や包み紙の裏などを広げ、本を読みながら適当な場所にメモを書いていく。そして気づいたところで、メモ同士を線でつなぎ、関係づけをしていくのだ。そうすると、巨大画面のチャートになる。どうか見本の図を見てほしい。

とくに本を読みながらメモを取る際は、決まってこの方法をとっている。

やり方は簡単。読みながら、話や論の展開で重要だと思われることを、すこしスペースを余しながら書きだしていく。大事だと思うことは二重丸で囲んだりする。そこから派生させたり、連想されることを〈↓〉でもって別のキーワードへつないでいく。そうすると、「この部分は、あそこにつながるのか」という具合に、さまざまな事柄の関係性や論理の流れが見えてくる。

この作業を進めていくと、自然にチャートができあがる。同時に、読んだ内容が頭の中でつながって、本1冊分のフローチャートができあがる。ただ本を読んでいるよりもずっと頭に入る。これは絶対だ。ポイントとしては、少し大きめのメモ用紙を横に広げておくこと。

図09　情報の視覚化というあらたな技術　フローチャート

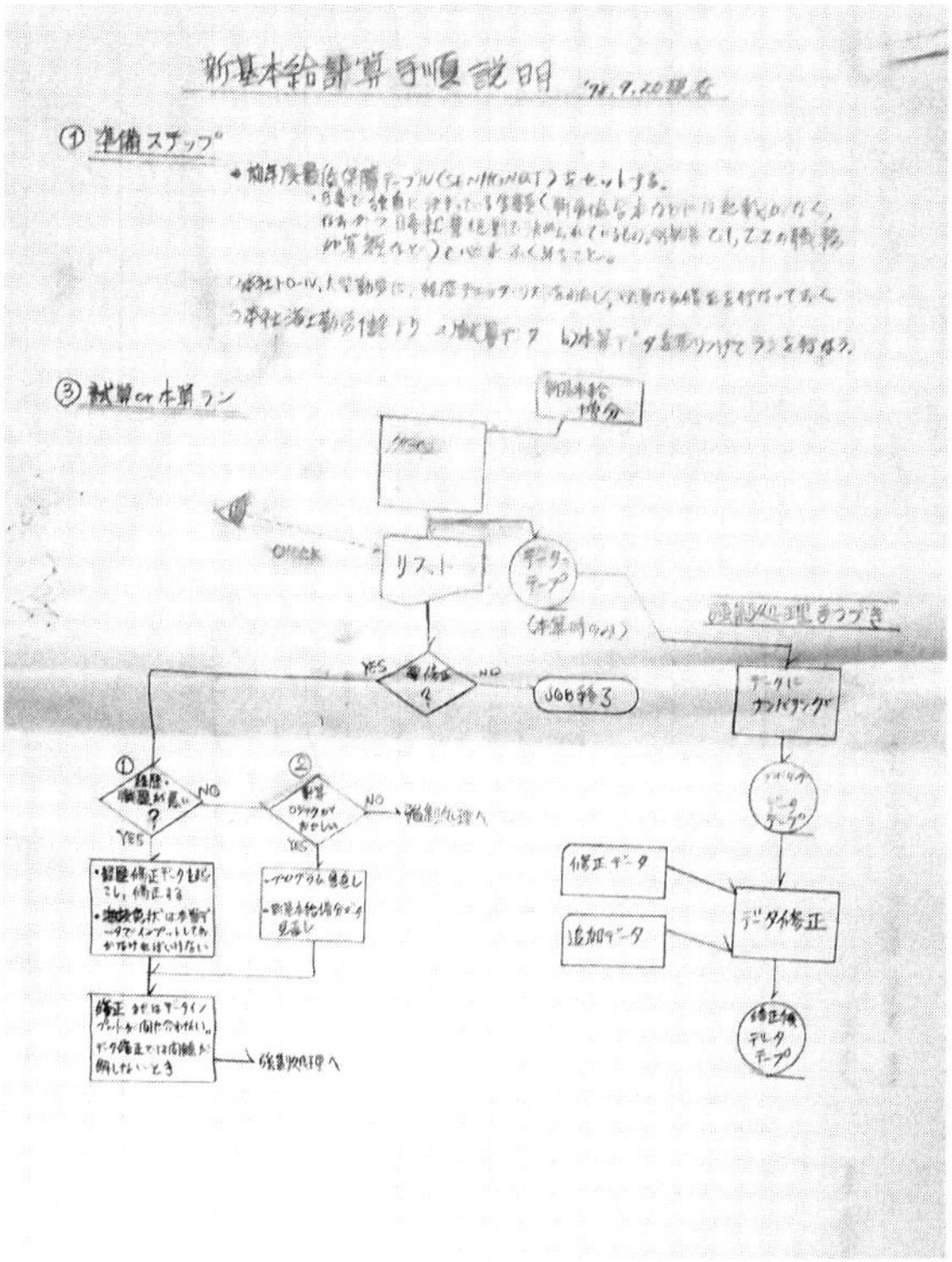

現在、マルチメディアと呼ばれるシステムの画期的な意義は、これまで蓄積し検索ができる知識・情報というと書物しかなかったのをひっくり返したことだ。これを可能にしたのが、デジタルと呼ばれるコンピュータ言語であり、文字だけでなく、映像も、音響も、それから味や触覚までも、情報として検索や活用ができるようになった。万能コンピュータが世に出る前、私たちが文字以外のメディアとして活用したのが、図像だった。ルネサンスには活字だらけだった本に挿絵という「ビジュアル情報」が加わり、このおかげで知識の普及が可能になった。ここに示す図は、文字で説明したら複雑すぎる「給料計算の手順」と仕事の流れを整理する表で、わたしがプログラマー時代に書いた「情報の視覚化」の一例だ。

図10　チャートによる情報の視覚化が画像の使用で効果をあげる例

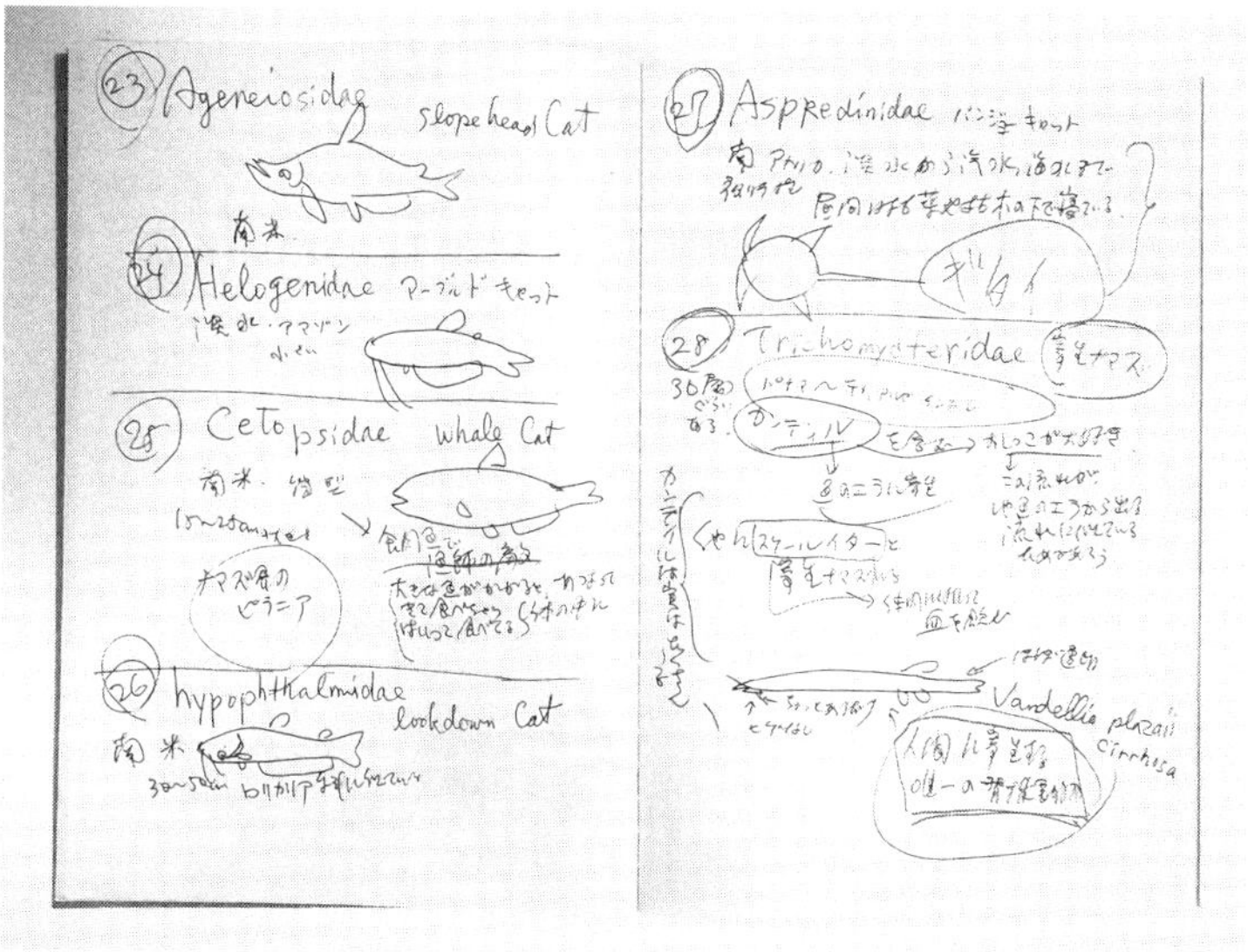

たとえば、魚類の分類を本にしようとする。もし、ここに図が使えなければ、メモやノートはとてもわかりにくいものになっただろうが、図を入れるだけで形あるものの説明が一気に容易になる。このノートは、わたしがアメリカ産のナマズ類を知るために、洋書から得た情報を図で記述したものだ。

図11　カード式単元別メモの実例

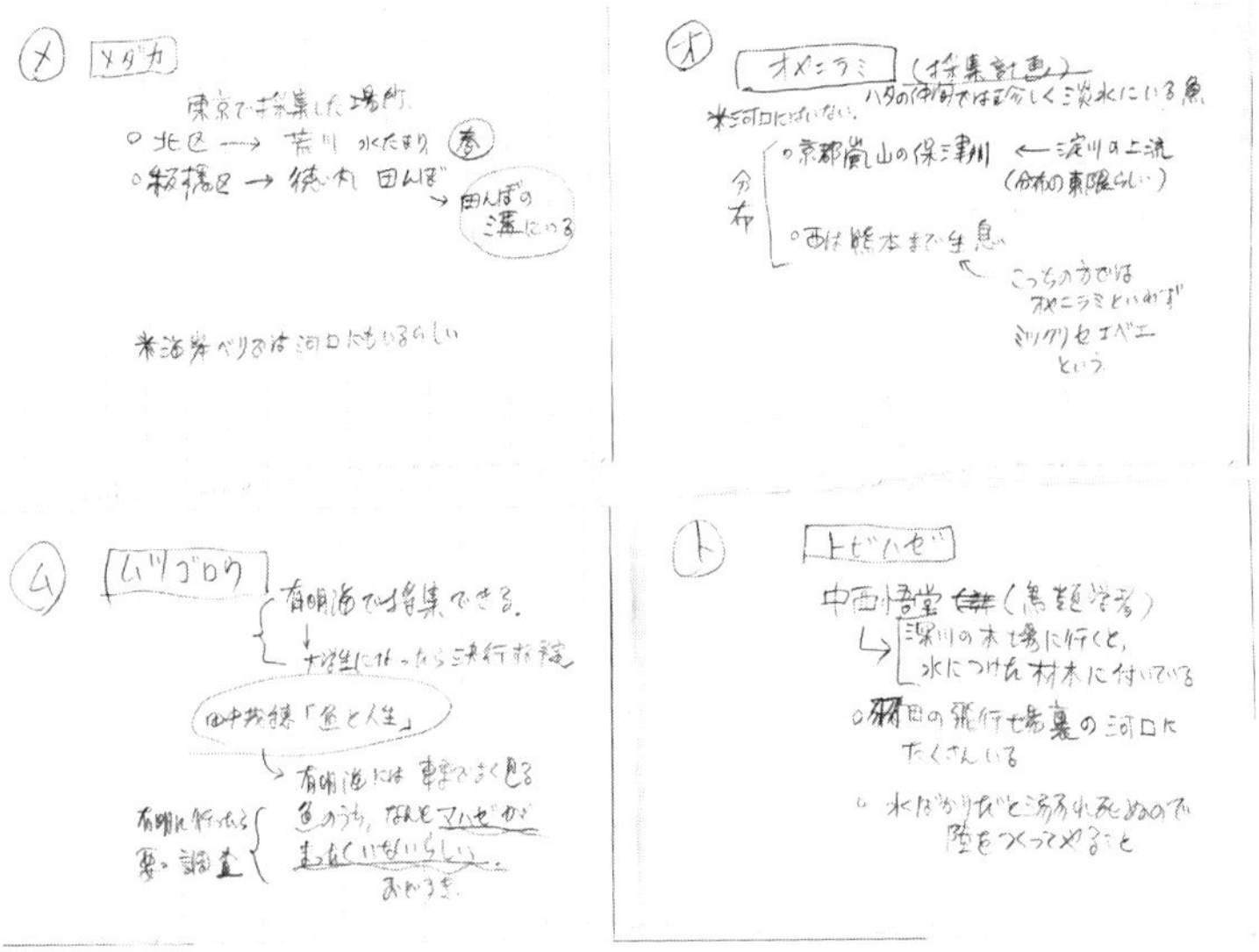

情報整理にマルチメディアが入り込んでコンピュータの発展は大きくなった。しかし、大本である活字は、あいかわらず情報の王者であることに変わりがない。そこで、文字情報の整理術も身につけねばならない。この先駆者が「カード式」だった。膨大な情報が詰まった本から、どうやって必要な情報を引き出すか。それには、本の中身を項目ごとにカードに記入し、このカード群を、たとえばアルファベット順に管理しておくと、短時間で必要な情報を見つけられる。コンピュータの情報管理も、いわばカード式を機械化した技術といっていい。

図12　カードをケースに収め蓄積
不要な名刺の裏を活用すれば絶好の情報セットとなる

わたしも大学生時代には盛んにカード式データベースを自作した。アイウエオ順に並べ、およそ1000枚ほども蓄えた。写真のように、プラスチックの箱を買い、経費節約のため、裏が空白の名刺をたくさんもらって、これをカードにしていた。現在はぜんぶコンピュータに移行しているが。この例は、著者が若い頃に、日本の淡水魚を全国で採集調査しようと志したときにつくった魚種別のメモ。

図13 大型チャート式関係図表で全体の関係を結びつける

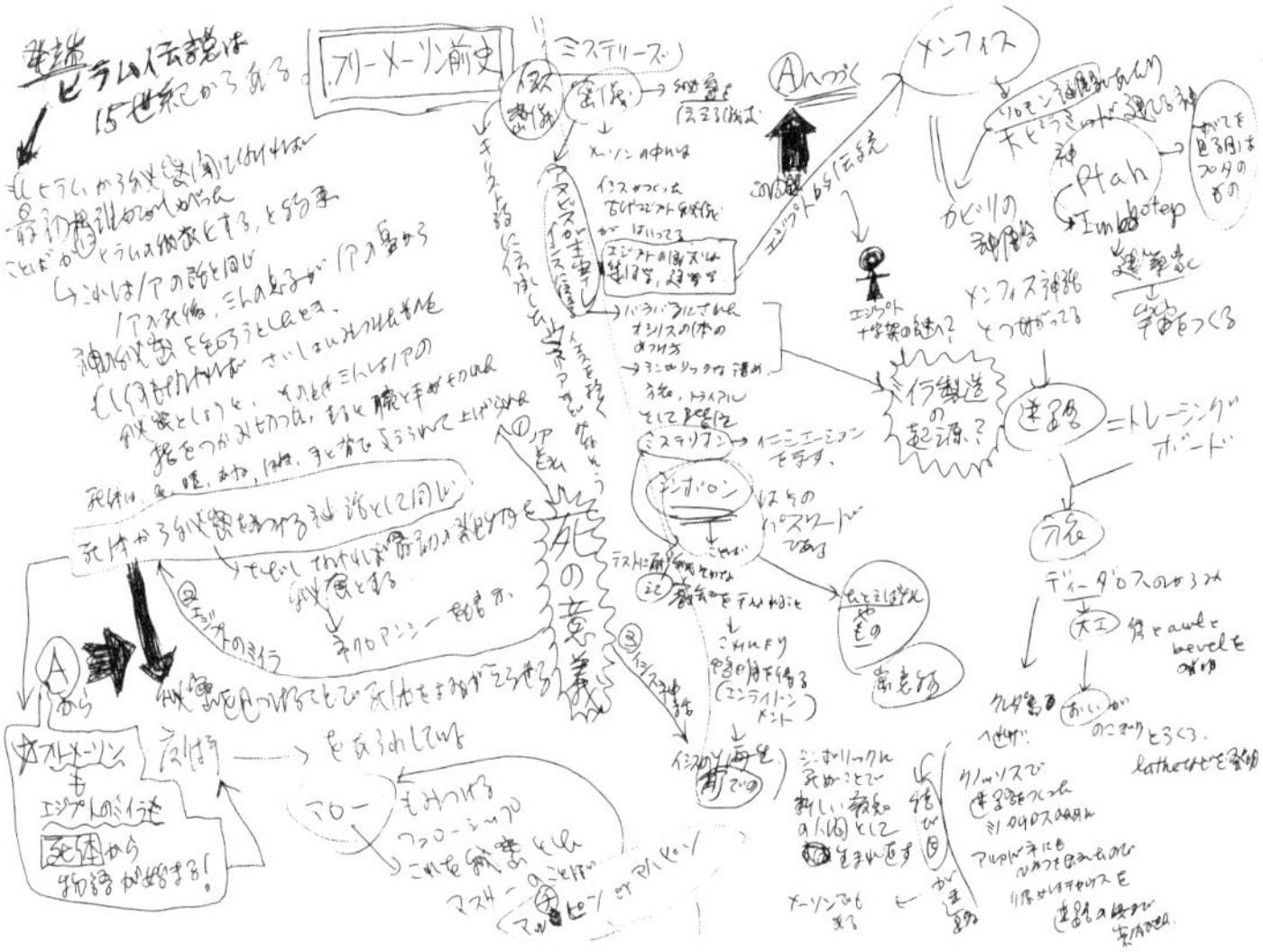

こうして単元としての情報を蓄積し、いつでも必要な情報が出せるようになったわけだが、その次に断片化している情報を関連付けて、ものごとの概要をつかまなければならない。これがいちばん知的な作業となる。それには大きな用紙を用意し、断片的に集めた情報をジグソーパズルのように組み合わせていく。これがチャート化であり、はじめて情報が自分の知識としてまとめ上げられる。この図は、わたしが「フリーメーソン」の歴史を理解するために多くの本から得たエッセンスをつなげてみたチャートだ。資料を読みながら、キイワードやアイデアを次々に書き出し、それらのつながり方を思いついていったプロセスになっている。きれいに描く必要はない。

〈荒保流メモ術〉

①紙きれ型メモ

＊手のひらよりも大きめのサイズで、細かく罫線が入っていないものがおすすめ。

＊気になること、重要だと思ったことをどんどん書きだす。とくに重要だと思う部分には印をつける。

＊書きだす際は、読めればいいレベルでキレイさにはこだわらず、なるべく早くポイントを絞ること。

＊書きだしの部分は数センチ空欄にしておくなど、余白を残して書くようにし、あとでほかのことばや項目とのつながりに気づいたら線で結べるようにしておく。

②大型チャートメモ

＊包装紙など大きな紙を使う。

＊本を1冊読むなど、広がりの大きい資料を整理するときに使う。

＊気になった項目やキーワードを自由に書きだしていく。

＊あとでつながりがあると気づいた項目同士を線でつなげていく。

＊完成すれば、項目やキーワードのつながりが相関図となったチャートができあがる。

第6章

勉強を高尚なものにしない

西洋絵画が日本画を見て「ダイエット」した？

わたしは美術が好きでよく美術書を眺めたり、美術館へ行ったりする。そうやって古今東西のさまざまな絵に接し、メモを取っているうちにある発見を二つほどした。

一つは魚の絵に関すること、もう一つは近代西洋絵画における人物画に関することだ。

わたしは少年時代から魚を食べることも見ることも大好きで、それが高じて水産会社に就職したほどだったが、大学生のとき、西洋絵画に描かれる魚と日本画に描かれるそれを見比べて、ある違いにふと気がついた。

日本画に出てくる魚は水中にいる。水中から跳ねてもいる。そのまま刺身にして食べてもいいんじゃないかと思えるほど尻尾がピンと上に跳ね、ピチピチと活きがいい。いかにも食欲がそそられるような描かれ方をしている。それに対し、西洋絵画に登場する魚はかならず陸上にいるのだ。また、生で食する習慣がないために極端なときは干物ではないかとすら思えるような描き方をする。刺身で食べる習慣があるかないかが絵の違いとなってあらわれていたわけである。

わたしがその原因を追ったところ、一つの仮説が生まれた。

それは西洋に海女がいないこと、水中にもぐって中の様子が見られるような透明な川や海がないことだった。水中にもぐる技術がなく、水中に見るべきものがない。これによって日本画の魚とは異なる世界が生まれた、と。

西洋絵画における人物の描き方については、19世紀の印象派以降、それまでのポッチャリ、ガッシリ型からスリムな体型に変身したことに気がついた。写実主義の段階で行き詰まりを見せていた西洋画壇に革新的な風を吹きこんだのは葛飾北斎《かつしかほくさい》や安藤広重《あんどうひろしげ》などの浮世絵だった。浮世絵がそれまでの西洋の写実的な絵画に与えた具体的な影響については、輪郭、構成、装飾などの面でいろいろいわれているが、まだ誰も指摘していないことが一つあった。それが**人物像の「ダイエット」理論**だったのである。

西洋画の人体は肉体に深い陰影をつけるために美しく肥えた人間ばかり描いていたのだが、さすがに19世紀後半の西洋人はそんなぶくぶく太った肉の重量感に窒息し、飽き飽きしていたのだろう。浮世絵に描かれる二次元の平坦でやせた人物画に衝撃を受け、西洋の画家たちはこぞって浮世絵を真似た。つまり、彼らは美のダイエットを試み始めたのである。

図14〜図17　西洋と東洋の魚の図の特性

情報はたくさん集めて並べていくと、さまざまな発想が湧いてくる。これは著者が実際に発見した事例。西洋人が描く魚類は、みな陸上にあがっており、クジラですら陸上で潮を吹いている。しかも標本のように硬い感じがする。一方、日本人が描く魚は生きており、水中に実際にいるように感じさせる絵もある。これは日本の海や川の透明度がよく、海女の文化などの影響で水中世界が知られていたためだろう。西洋の海や川は寒冷地で透明度も低いため、水中を見る習慣が育たなかった。

図14　魚の図その1 陸にあがった魚図
ファレンティン『新旧東インド誌』

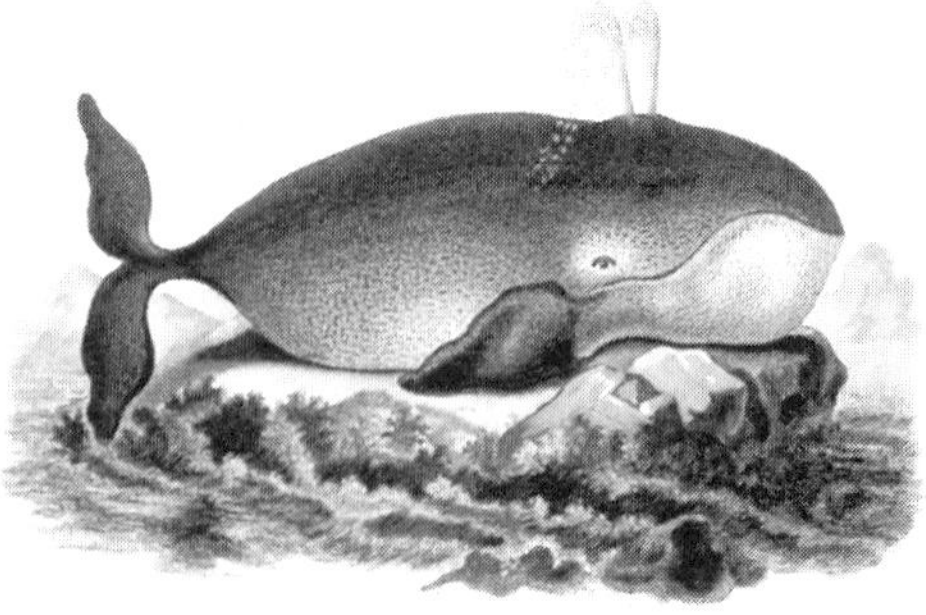

Balæna Mysticetus Linn.

図15　魚の図その2 陸にあがった魚図 シュライバー『哺乳類図譜』

図16　魚の図その3 生きている魚図 江戸期『魚類図譜』

図17　魚の図その4 生きて泳ぎまわる魚図
昭和期、大野麦風画「大日本魚類画集」

また浮世絵とともに入ってきた禅画に影響を受けた画家も少なくない。ゴッホはガリガリにやせた高僧の絵に触発されて、頬がげっそりし頭を丸坊主にした自画像を描いたりしている。ゴッホは自分を「日本の修業僧」に見立てて描いたにちがいない。西洋美術における究極のダイエットではないだろうか。

下世話なほうが発想に「握力」がつく

前項で紹介した二つのヘンテコリンな発見はわたしのちょっとした自慢だが、それも絵についての関心が別のところにあったおかげである。要は美術として価値づけるのではなく、画像資料として解読する姿勢を取ったせいだと思われる。そのため、絵の隅っこや後方にちょっと描かれたモノばかりに目が行く。すると、さまざまな疑問が浮かぶのだ。

家でわたしはテレビをよくつけている。けっしてお堅い番組を観ているわけでなく、お笑い芸人がたくさん出てくるバラエティ番組などを観てよくバカ笑いをしている。

そのため妻からはしょっちゅう、

「いつまでそんなの観てるの？　いい加減仕事したら？」

と叱られるのだが、そのたびにわたしは、

「これだって立派な勉強の一つなんだから……」

と反論する。わたしにとってはどんなおバカなテレビ番組でも、それを画像資料として解読するように眺めることで、いろいろな知の冒険をおこなっているのだ。自分では、おもしろい発見をするための「握力」をテレビ番組で養っているつもりなのだ。

発見すなわちアイデアは、かえって下世話な人間のほうが、ひょいととんでもないところから出てきたりするものだ。これを好奇心といってもいいだろう。鑑賞ではない。探求だ。アイデアを捕まえる握力は、脳を美的に鍛えることだけでつくものではない。

勉強に取り組む際、「これがすぐに役立つからやる」と考えたことがない。いつも念頭にあるのは**「勉強しておもしろいかどうか」**だけだ。

はじめから勉強と実践をつなげようとすると、意外に労多くして功少ないものになりかねない。それに役に立てることばかり考えて勉強するのでは、志《こころざし》が低くなる。逆に必死に実践を目標に勉強したのに役に立たなかったら、それこそやる気がなくなるだろう。

だから、まずは学ぶことを当面楽しむこと。遊ぶことである。受験勉強にしても長丁場だから、果たして試験に出るかどうかと考え始めたら、ストレスが溜まるだけだ。英語であれば、たとえ試験用の勉強が実生活に役に立たなくても、「日本語でないことばでいろいろなことを表現できるっておもしろいな」といった感覚を持つことができれば、将来の勉強へのモチベーションへとつながる。

「忙中閑あり」とはよくいったもの。忙しい中にもわずかな閑はあるもの。勉強中に閑＝ゆとりの気持ちで、学ぶことを楽しんでみたらどうだろう。そんな感覚がないと勉強というものはつづかないものだ。

「……といわれている」がおもしろい！

サラリーマン時代に、**苦手なものや、すぐ役に立たないものでも遊びにするとおもしろくなる**、と気づいてからは、やったことのない仕事に積極的に取り組むようにした。

そのほうが遊びの余地が広がると思ったわたしは、作家として世の中に知られるようになってからは、どんな仕事が来ても断ることをしなかった。テレビ出演もしかり。テレビこそ出始めたらけっこうおもしろく、学ぶところも多く、すでに30年以上も出つづけている。

わたしがテレビに出る際、こころがけているのは、ディレクターやプロデューサーが考えたプランの中に、少しでも自分らしい無駄話を紛《まぎ》れこませることである。目立ちたいというのではなく、そうすることで番組に予定外のおもしろさが加わり、また、それが出演依頼してくれる方たちの狙いだとも思うからだ。

そして、自分らしさとは、「どうでもいいようなトリビア情報」を加えることである。

わたしはかつて平凡社で百科事典の制作にたずさわったが、このとき与えられたのも、まさにそういう役割だった。各項目の最後に、ひと味ちがう雑情報を付け加える。鍵の項目なら「金庫破りの歴史」といったトリビアをプラスする。あるいは奇説や怪説など、事実といえない話もだ。それで、たいてい、「〇〇といわれている」という文末になるので、「といわれている係」というあだ名がついた。しかし、「……といわれている」話まで収録した百科事典はこれまでなかったので、おもしろくユニークな刊行物になった。

ところで、多くの作家にとっては、テレビに出ることはあまり好まれないようだ。バラエティやクイズ番組となるとなおさらだ。

幸いにして、わたしは作家として独立したころから、いわゆる作家先生とは違っていた。奇人、変人だといわれてきた。正統派の作家や学者でもないから、何ら格好をつける必要もない。勉強は高尚なものだと思っていたが、テレビの仕事でも学べることが多いと気づかされた。単なる在野の物好きおじさんだからこそ、バカもできる。これは幸せなことだと思っている。

それでわかったのだが、世の中には「正論」や「定説」というものが決まっていて、クイズでも正解といわれるのはそういう定説なのである。でも、「……といわれている」と語尾につく「異説」、「奇説」のほうがもっとおもしろいのに、あまり語れる場がない。それで、異説、奇説をできるだけ紹介して、勉強の裾野の広さを伝えたいと思っている。

恋心を勉強に感じると奇跡が起きる

「勉強」とは縁がないように思えるが、**「恋心」**は勉強法についての一つのキーワードだといえる。

美術史をひも解けば、それは明らかになるだろう。恋心＝異性に対する関心が、美術を生みだした事実に驚かされるからだ。そこで彫刻の発生に関するおもしろい話をご紹介しよう。

肖像画は古代ギリシアの都市国家コリントスに実在した彫刻家の娘が発明したといわれている。なぜ、その娘が発明することになったのか。これが非常に泣かせる話で、わたしが大好きな歴史上のエピソードでもある。

この話にはさまざまなバージョンがあるが、ここではローマ帝国時代の博物学者プリニウスの『博物誌』にしたがおう。

コリントスに一人の彫刻家とその娘がいた。父の下には各地から多くの弟子が彫刻を学びに来ていたが、その中の一人のイケメン青年に娘は恋をしてしまった。

数年が経ち、イケメン青年は修行を終えて故郷に帰ることになった。それを聞いた娘は悲しみに泣きぬれた末、「好きになったかれの形見」を手に入れられないかと考え始めた。娘が欲しいと願った「形見」は、かれの持ち物ではなく、かれの顔をそっくりそのまま写して自分のものにすることだった。

イケメン青年が故郷へ帰る前日、娘はかれのもとへ行き、戸惑うかれを壁の前に立たせ、「その横顔がいいわ」といって、その前にろうそくを立てた。するとどうだろう。壁にイケメン青年の美しいシルエットがきれいに映ったのだ。「そのまま動かないで」と娘はいい、その影を必死でなぞりつづけた。こうして娘は青年の横顔を手に入れ、恋人の代わりとして、長く偲《しの》びつづけたのだという。

このような話は日本にも存在している。もっとも有名なのは、源融《みなもとのとおる》という、光源氏のモデルだともいわれる人物の物語だ。イケメンプレーボーイでちょいワルの貴族、融は、あるとき東北の田舎に左遷されてしまう。

イケメン貴族の突然の到来は、田舎の娘たちを大いに興奮させた。中でもかれに夢中になったのが虎女という娘で、全身全霊でかれの世話をしつづけた。しかし月日が経つと、かれが会いに来てくれなくなった。京の都に戻ったのかもしれないと知り、虎女もまた恋する男の面影を見つづけられるようにと考え、ある工夫をした。衣の染めに使うもじずり石というものがある。表面に凹凸がある特殊な石で、その凹凸に染料を塗り、衣を圧《お》しつけると模様が浮きでるのだ。そこで虎女は石の表面にかれの面影が浮かぶのを見つけ、かれが去ったのちもその石に浮かぶ顔を見つづけたという。

美術創作におけるあらたな発見や工夫というものは、こうした例を見るまでもなく「恋心」と密接な関係を持っている。自分の恋する人を絵や彫刻という形で刻印しようとした芸術家がこれまでどれだけいたことか。そして、その情熱がどれほど美術を進化させたか。美術にとって恋心が貢献した役割は思いがけないほど大きい。

これはすなわち、恋すること、うつくしい面影を愛するというアマチュアの精神なのだ。あらたなアイデアを生み、あらたな勉強につながるには、大きな意味での恋心が欠かせない。

人類美術史三万年展の大企画

知識を実践に応用した、わたしのエピソードを一つご紹介しよう。

2005年に開催された「愛・地球博」(愛知万博)で、わたしは「グローバル・ハウス」というパビリオンの企画に加わった。展示の目玉は「ユカギルマンモス」。

約400万年前から1万年前ごろまでの期間に生息していたとされるマンモスだが、その中でユカギルマンモスはもっとも最近まで地上に生きていたらしい。この「ユカギルマンモスの一部を展示する」と大きくうたっていたわたしたちのパビリオンだが、じつのところ、企画当初はまだ何も発掘されていなかった。温暖化が進むシベリアで発掘作業を進めれば、なんとか万博開幕までに間に合うだろうと予想していたら、タイミングよく出てきてほっとした。

しかし、そのマンモスの頭をはじめて見たとき、大きな衝撃を受けた。それは、わたしがイメージしていたマンモスではなく、巨大な豚にしか見えなかったからだ。なぜなら、長い鼻がなかったのである。

図18 現代科学者によるマンモスの復元図

1800年頃に描かれたマンモスの想像図。氷の下から発見された遺骸はしばしば鼻が失われていたため、奇妙奇天烈な図になったのだろう。鼻がまったく欠けている（アダムスによる）。

専門家によれば、骨がない鼻は組織的に非常に不安定で、氷や永久凍土に埋まっていても腐敗し、消えてなくなってしまうことが多いそうだ。その話を聞いて納得しつつ、ふとこれまでに目にしてきたマンモスの絵を思いだした。

19世紀末に古生物学が生まれて以来、恐竜やマンモスなど、大昔に絶滅した生き物たちの復元作業が盛んに行われるようになった。が、復元作業が始まった当初のマンモスの絵を見ると、長い鼻がないのだ。愛知万博のために日本にやってきた、豚のようなかわいい鼻が、まったくそのままに描かれている。生きた状態の実物を写生したわけではないので、これは当然なのだ。ところが同じマンモス

図19　古代人によるマンモスの写生図

これは実際に生きていた毛深いマンモスを写生したものであり、実に生き生きとしていて、また観察が正確だった。情報の取り方の違いで、同じマンモスでもここまで違ってくるのだ。フランス、ドルドーニュ県で発見された洞窟画。

の絵にも、復元と写生の2つがあることに気づいた瞬間、マンモスの絵を年代ごとに並べてみたらおもしろいのでは、と閃いた。

古代人は実際に、生きているマンモスを見て絵を描いたので、古い洞窟画のマンモスには長い鼻がちゃんとある。しかし絶滅後、人々は想像や残された骨をもとに描くようになったために、長い鼻がなくなった。さらに時代が進み、復元技術や研究が進歩してよりリアルなマンモス像が明らかになるにつれ、ふたたび鼻が長く描かれるようになっていくのだ。

この事実を通して、**情報は過去から現在へと蓄積されるだけではない**と知った。マンモスの復元図のように、情報がないために、まったく異なった形で情報が伝わることもあるのだ。

想像による復元図と実物の写生図を比較できるという観点では、マンモスほど適したモデルはない。わたしは古代人が描いたマンモス写生図と古生物学者の描いた復元図を並べて見せることを発想し、常識的な美術史をひとひねりしたいという思いに駆られた。それで、ホモ・サピエンスだけでなく、ネアンデルタール人をも含めた人類の美術史三万年展を開き、マンモスアートの歴史3万年をじっくり鑑賞するという企画を提案した。だが、諸般の事情で実現できなかったのは心残りだった。

たとえば、遠近法というものはルネサンス期において開花し、レオナルド・ダ・ヴィンチが完成させたようにいわれるが、ラスコーの洞窟画を見ると、クロマニョン人が1万5000年前に複数の牛を彼らなりの遠近法によって、すばらしい立体図に描いていることがわかる。おどろくべきことに、筋肉がもりもりと膨らんだ部分は、岩の膨らみを利用していたのだ。

古代人と現代人のアートを比較するというところまで美術の幅を広げると、美術史はがぜんおもしろくなる。このように美術史をアカデミックな定型の視点からちょっとズラすだけでこれまでとは違うおもしろい風景が見えてくる。そんな微妙な感覚をマンモスの企画にこめてみたかった。

背伸びをすると世界が広がる

そこまでくると、人はモノゴトを企画するのに、かなり積極的になれる。あるテーマが与えられたとき、そのテーマの現在、過去はもちろんのこと、古代、人間が野生生活をしていた超古代、そして外国では中国や西洋をはじめ、アフリカとか中東あたりまでリサーチすると、一行のコピーを書くにも、バックにおよそ数万年の裏打ちができる。こうなれば、背伸びも有効になる。そのテーマの語源を、まず中国漢字で解明し、つづいて大和ことばの経緯も頭に置き、神話段階まで掘りさげれば、たいていのアイデアは浮かんでくる。

団塊の世代が若いころには、「背伸びすること」がカッコいいとされていた。だからみんな、あえて難しい哲学や政治の本を読んだりしていたものだ。

1980年代ごろまでは若者がそんなふうに冒険することを好んだように思う。ガリ勉タイプの学生でも、ヨーロッパの難解な映画や、前衛的なコンテンポラリーアートや文化にもちゃんと触れていた。

「背伸びする」という行動がいちばん端的にあらわれるのは、やはり性体験だろう。旧制中学の学生で遊郭に乗りこむことが、かつては武勇伝だとされた噂も聞く。

わたしの時代は映画にもなって大ヒットした小説『チャタレイ夫人の恋人』を読むことが、大人の男になる一つのイニシエーションでもあった。中学時代に友達にすすめられて、ドキドキしながら読んだのを覚えている。が、期待に反して目がギンギンとはならなかった。あまりに道徳問題風に見えたからだった。わたしをドキドキさせたものは「チャタレイ夫人」よりもマルキ・ド・サドの過激なサディズム小説のほうだった。

他人に苦痛を与えて興奮を得る心理は、このサドにちなんで「サディズム」という。わたしが読んだのは、澁澤龍彦《しぶさわたつひこ》の訳だったが、江戸の遊郭の語り口かと思わせるような香気ただよう粋《いき》な美文で、若者に受けるようなエロティシズムではなく、まるで井原西鶴《いはらさいかく》でも読むような気がした。

いやァ、これは大変な小説を読んじゃったと、顔面蒼白になるところもあったが、サドを知ったことで大人のエロティシズムに足を踏みこめた。あの作品はわいせつ文書として裁判にかけられたが、今読んでもわかるように、中国の『金瓶梅《きんぺいばい》』にも似たある種の好色ファンタジーだった。けっして性欲だけを刺激する「エロ本」ではないのだ。

そんなふうに、かつては「背伸びする」ことが冒険とされたが、情報が氾濫する今は「等身大」の時代といわれる。無理せず、ありのままでいることが素敵だと考えられている。でも、前述したように、**自信と勇気が出たら、そこからは思いっ切り背伸びしてみる**のをすすめたい。世界がまた変わるからだ。

不況でバイトや就職先がなかなか見つからないこともあるだろうが、昨今の大学生は海外に行くよりも、友達同士で合コンすることを好むらしい。それも楽しいだろうが、背伸びすることで世界はぐんと広がると思う。

そして、背伸びをして大人になった先には、「おだやかな老い」がやってくるのではないだろうか。

日本人には子どもっぽさやかわいらしさを好む傾向があり、「老いる」ということはただひたすらマイナスでしかないと見る風潮がある。これでは、老いることに積極的な意味を見いだすことがますますむずかしくなってしまう。しかし、老いとは「経験を積んで賢くなる」ことでもある。老いに対するあまりにも偏った見方は、結局自分たちの首を絞めることになると思う。「老いること」について、三島由紀夫《みしまゆきお》の発言を紹介したい。

学生運動が盛んだった1960年代、東大の学生たちと討論した際、三島は次のように述べて学生をやりこめたという。

「若者にはエネルギーを持って社会を批判する情熱と権利があるかもしれないが、老人には何もしない勇気があるのだ」

「長く生きてきた分だけ存在感を提示できるので、賢く、また洗練されている。その点だけは若者が老人に敵《かな》わないところだ」


老いる肉体に非常に恐怖を感じていたはずの三島が、いっぽうでその分「賢くなっている」と老いの精神を評価したことに、わたしは興味を感じた。

よく見れば、知恵をたくさん持った老賢人が、あなたのまわりにもいるはずだ。彼らはわたしたちに生きた勉強をさせてくれるすばらしい教科書になり得る。それに気づかないなんて、こんなもったいない話はない。

競争不要の「隙間」をたくさん見つけていく

団塊世代の隠れアイドルだったフランス文学者・澁澤龍彦といえば、マルキ・ド・サドをはじめて日本に紹介し、そのために裁判にもかけられた文筆家である。かれの本を読むことは、前項で述べたように、わたしの時代にはまさしく「背伸び」だった。そこで気づいたのが、わたしを含め、当時若者たちに背伸びをさせた大人たちはみな独特な思考の人だった、ということである。

澁澤龍彦は澁澤でないと提供できない、どこかユニークなジャンルを持っていた。多くの人にとってはまったく関心ない分野だったのに、澁澤が紹介することで社会が関心を持つようになった。いわば「隙間産業」だといえる。

前述した「不人気商品」に通じることだが、ビジネスをするうえでライバルが生まれにくい商品なのだから、そこに目をつければ大きな利益につながるかもしれない。

わたしが大好きな妖怪噺《ばなし》や幻想文学にしても、昔は大きな出版社がどこも手を出さないジャンルだった。ところが読んでみるとほんとうにおもしろく、商売のライバルがいないので、わたし自身も仕事として長いあいだ大きく関わり、生きがいにすることができた。

ここでいいたいのは**「背伸びさせるもの＝誰も手をつけない＝隙間産業＝独占的な利益を生む可能性がある」**ということである。これは勉強法にも応用できる。

競争を避けて人生を生き抜く——これは同世代の人口が多すぎる団塊世代だからこそのアイデアであった。わたしの時代は、頑張って勉強していい大学、いい会社に入らないと生きてはいけないぞ、と親にさんざんいわれた。

でも、そういわれながらも、賢い子どもたちは考えた。「競争せずに、生きていく方法はないのか」と。学生運動を体験し、社会の中で背伸びをしたからこそ、背伸びをすること、隙間産業を見つけることで得られるメリットを理解したのが、団塊世代のしたたかさでもあるような気がする。

そうした団塊世代の代表格が、たとえば糸井重里《いといしげさと》さんではないかと思う。広告業界でほかの誰とも違う仕事の仕方をし、「オンリー」＝唯一の存在となった。ホームページを立ちあげたのも早かった。糸井さんの活動を見ていると、隙間産業のトップを常にめざしつづけている気がする。

誰もが競争する必要はない。大学を選ぶにしても、大学名や世間体だけでなく、学校の歴史、教授陣の顔ぶれ、特色、自分がめざす進路にとって意味があるかどうかなど、自分だけ＝オンリーのメリットで選んだほうがいい。会社選びもしかりだ。

チャンスが来たら流れを止めない

わからないことはそのままにしておけば、いずれ埋蔵金になると述べた。いっぽうで、一見興味のないものでも、目の前に来たらとりあえず手をつけてみることは、勉強するうえで欠かせない。

読書はいい例だ。たとえば、太宰治《だざいおさむ》の小説をはじめて読んだときはピンとこなくても、別の機会に読んだら琴線に触れた、という体験をしたことのある人は少なくないだろう。

それはまさしく恋と同じである。学生時代には相手の魅力がわからなかったけれど、社会人になってから再会して恋が芽ばえるという話はよく聞く。

読書の話に戻せば、読んでみて「これはダメだ」と思ったら、そのまま途中下車するだけでいい。そのときに読めなくても、長い人生のうちには縁あるもの、必要なものはかならずまた目の前にやってくる。

いずれにしても、チャンスがきたらまずは気軽に手をだしてみたほうがいい。流れがきたら、それを止めずに流れに乗ってしまうのだ。

流れは止めないほうがいい。わからないことをたくさん蓄えておくことも、同じく「流れを止めない」行為の一つだ。

人生、途中下車も悪くない

勉強においては、まず手をつけて、わからなかったり、気が乗らなければ、途中下車すればいいと述べた。しかし長い間、日本は「途中下車」がなかなかしにくい社会でもあった。たとえば結婚。昔は「バツイチ」といえば、後ろ指をさされたものだ。お見合い結婚が主流だった時代には、離婚したくてもなかなか簡単にできなかった。また、一度婚姻関係を結んだら、その役割や責任を全うして生きるのが美徳とされていた。

ところが今はどうだろう。家の中どころか、職場で役割を振られること自体、嫌う人も多いと聞く。何かを無理にさせられることが、最大の苦痛と感じるようだ。もちろん何かの犠牲になる必要はないが、苦手なことでも一度やってみることで道が開けることは必ずある。

わたしも、大学を卒業し会社員になった当初、いきなり予想もしなかったコンピュータ室に配属され、四六時中プログラムをつくりつづける生活になった。残業は1カ月に200時間を越し、『女工哀史』ならぬ「男工哀史」ともいうべき過酷な労働環境であった。まだコンピュータが海のものとも山のものともつかぬ代物だったので、社内では一緒に配属された仲間とともに人身御供《ひとみごくう》のようないい方までされた。

最初は辛くてたまらなかったが、次第にその中にあたらしいおもしろさを見いだしたことがある種の自信となり、その後の自分の支えとなった。


ここ数年、フリーターや若年失業者の増加が取りざたされているが、そうした状況に追いこまれた人たちが、真剣に「何をすべきか」と考え始めたら、きっと途方に暮れてしまうのではないだろうか。

真剣に生きよう、仕事をしよう、とにかくフリーターから脱しようと思ったとき、まずは何かの〝電車〟に乗らされて失敗や苦痛を味わった経験が、あなたを救うこともある。

ところが職業安定所や再雇用のための訓練センターなどを開いても、来る若者が少ないと聞く。仕事が欲しいといいながら「やりたくないこと」が多い人が目立つらしい。昔のように家のため、などというしがらみがなくなった反作用か、目の前に来た電車、すなわちチャンスにも乗らなくて差し支えないというフリーな状態に安んじている気がする。

しかし、それではフリーターのままで暮らすことになり、生き方は狭くなる。ではどうすればいいのか。

未知のものにアクセスする勇気が、まず必要だと思う。

たとえば介護の仕事などは、必要とされながら、厳しさゆえに人材不足が深刻だ。でも、だからこそおもしろくなる可能性がある業種だといえる。そこに目をつけて、一度介護のトレーニングを受けてみる。そこで一見地味な仕事でも、創意工夫をこらせる可能性がいくらでもあるとわかれば、介護の仕事に興味を持つ人が増えるのではないだろうか。

かつて自分がコンピュータという未知の産業分野に挑んで可能性が開けたように、介護というまだまだ未開拓な分野に踏みこんで、マイナスをプラスに転じていくのは、自分の生き方をスリリングにするチャンスだと思う。

ただ、一つ問題なのは、未知のものに手をだす勇気が、歳を重ねるほど薄れていくという現実だ。

だからこそ、なるべく若いうちに、未知なものに積極的に手をだすトレーニングをしたらどうだろう。外国語でも哲学でも何でもいい。まだ知らないことに手をだして、それを乗り越えたという達成感を得ることができれば、その感覚は一生の宝物だ。

きっと仕事をする際にも、その経験を生かして、もっといろいろなことにチャレンジしたり、勉強しようというふうになるだろう。

自分をペテンにかける

自分に暗示をかけることも、勉強においては必要だ。

勉強は本来、自分を前進させるものである。自分を変えたい、前進したいのなら、自分に暗示をかける。もっとも効果的な暗示は、

「オレにはこれしかない」

と思うことだ。精神的に大変な方向へと、あえて自分を追いこんでみる。「あらゆるものを犠牲にしてでもこれをやるしかない」と思いこむことで、強いエネルギーが生まれる。火事場のバカ力をイメージでつくりあげるのだ。

わたしも学生時代は勉強したいことだらけで困ったほどだった。学びたいことがいくらでもあるのに、時間もお金も足りない。でも、そうはいっても青春真っ盛りなのである。

女子校の学園祭があると聞けば、10代の男子として行きたくないわけがない。そんなとき、学園祭に行けない、もしくは行かない選択をする自分に落胆してはいけない。そんなときは楽

天的に自分を納得させること、自己暗示にかけるのが効果的だ。たとえばこんなふうに。

「朝ルンルン気分で学園祭に出かけたら、交通事故に遭ってしまい大けがをした。だから行かないほうがよかったのだ」

今から考えると子どもじみた暗示に苦笑してしまうが、最悪の結果を想像すると、人間はだいたい尻ごみするものだ。そういうふうに暗示をかけると、たいていの欲望は抑えることができる。暗示というより「妄想」というべきかもしれないが。

高校時代、資金をひねりだすために昼食を抜いていたときには、よくこんな妄想をした。

「お弁当の売れ残りが安くなっていたので、買って食べたら、運悪く食中毒になって数カ月学校に行けなくなった。こんなことなら昼食抜きのほうがよかった」と。

やりたいことがありすぎたために、わたしの妄想力はかなり発達したように思う。基本的に食事は摂ったほうがいいが、そうやって自己暗示をかけたことで、ぜいたくには走らずに済んだ。

だが、同じように忘れてはならないのは、暗示をかけるときには楽天主義《オプティミズム》になることだ。暗示をかけることを楽しむのである。ちょっと心が動いてしまうことだけれど、それを止めるのに今度はどんなすごい「いいわけ」を考えようか、と。これがまた楽しい。

それができたから、「女子高生と知り合えない」「お昼が食べられない」といっても、悲しいと感じることもなくなり、楽天的でいつづけられた。

「楽天主義」で思いだすのが、前述のヴォルテールが書いた『カンディード』という物語だ。純真な青年カンディードは、家庭教師の哲学者に「この世に起こるすべての悪いことは神の力でいちばん軽く済むように仕組まれている。つまり、この世は最善の可能世界なのである」という教えを受けていたが、実際には悪いことの連続となる、ひどい人生になった。冒険の旅へ出たら、旅先で遭遇するのは盗み、詐欺、地震に戦争と悲惨なできごとばかり。それでも楽天主義を信じつづけたこの青年は、最終的には初恋の女性に再会する。

ただし、物語にはオチがあって、その初恋の姫君は、結婚してみると退屈な女性だったというのである。この物語の格言は、「まわりに惑わされず、自分の畑をまず一生懸命にたがやしなさい」というもの。神の力をあまり信じてはいけない、と考えさせられた(笑)。

楽天主義者は、はたから見れば「馬鹿者」にも思えるが、**どんな困難があろうとも、楽天主義はそれを乗り越えるエネルギーを持つ人**だということを、わたしたちは知るべきだ。この物語から、学ぶべきことは多い。

第7章

苦手な勉強を楽しくする「魔法の力」

いちばんやりたくない仕事が最高におもしろい勉強になった

会社に入ったばかりの若者は「石の上にも3年」と上司にいわれ、「またそれか」と思ったりすることもあるだろう。しかし、勉強においてもこのことわざは正しい。**ダメだと思うことでも3年つづけることで、道は必ず開けてくる。**

わたしの会社員時代の話だ。

大学卒業後、魚類が好きだったこともあり、日魯漁業という水産会社に入社したことはすでに書いた通りだ。ほんとうは博物学や文学をやって暮らしたかったわたしは、せめて好きな魚を扱える会社に入ろうと決心した。辛いときにはタコの頭をなでたりしていれば、どうにか定年まで我慢できるのでは、と考えたのだ。魚市場に出向いて魚を眺められるなどと気楽に思っていたのだが、ずいぶんと大きな勘違いだった。

最初に配属されたのは資材部というところで、毎日ひたすら船に荷物を積みこむだけの作業をする部署だった。一見、誰にでもできそうだが、これがなかなかそうはいかない。というのも船乗りの専門用語が多すぎて、何をいっているのかがさっぱりわからない。

今でも覚えているのが「海別」という名称である。これが荷物のリスト上に100個仕入れと記されているのだから困った。海別とは何だ？　やむをえず先輩に尋ねると、「そんなことも知らないのか！　〝きゃべつ〟って読むんだ」と怒鳴られた。

船乗りことばには変わったものが多く、最初はかなり戸惑った。たとえば〝レッコ〟だ。これも船員がしじゅう口にする。意味がさっぱりわからないので先輩に聞いたところ、「Let's go」の訛《なま》りで、「行こう」を経て「捨てろ」の意味に変じたことばだった。

コミュニケーションのむずかしさを体感したと同時に、なじみのない船乗りことばが、部外者に内容を知らせないための「暗号」に近い役割を持っていることにも気づいた。江戸川乱歩《えどがわらんぽ》をはじめ探偵小説、推理小説好きのわたしにとって、これは喜ばしい発見だった。「海別」も、じつに上手な船乗りの暗号である。それからは船乗り用語を知るのがすっかり楽しくなった。

入社したその年は、世間では大阪万博が大きな話題となり、三島由紀夫が切腹するという事件も起きた。わたしは資材部を出て、魚たちとは無縁のコンピュータ室に配属替えとなった。適性試験で選ばれてしまったらしいが、正直いちばん行きたくない場所だった。業務をおこなう場所は北海道拓殖銀行内で、わたしは9年余はたらいたが、配属当初は3日で辞めようとすら思った。

まずコンピュータ用語がまったくわからない。コンピュータといっても、今から50年以上前のものである。すべて機械語を覚えないと扱えない代物だ。

しかし、生来あたらしいもの好きのわたしは1週目に、「これは言語哲学の実践だ、文学なのだ」と気づき、がぜんおもしろくなってしまった。

コンピュータ・プログラムというのは、「機械と人間とのあいだの一人称的会話」だと気づいたのである。なぜなら、プログラムは自分自身の制作物なのだから（ちなみに今のパソコンはプログラムをつくっている人が別なので、その意味で二人称の対話といえる）。そう思った瞬間から、コンピュータがかわいくなった。

また同時に、船に荷物を積むのも、コンピュータのプログラムをつくるのも、最終的にはコミュニケーションであり、自分と相手との関係をどうつくるかという問題だと気づいた。つまり相手に理解されないのは、自分に非があるはずで、相手を責めるべきではないと思い始めたのだ。

コンピュータにおいては、当時はOSまで自分でつくっていたので、機械君とうまく会話ができないのは、自分のコミュニケーションが悪いんだとすぐにわかった。それが好奇心をかきたて、プログラム作成に夢中になっていった。

わたしは魔法学が好きで、なぜ「エロイム」と呪文をとなえただけで効くのか、などと考えていたほどなので、その感覚はコンピュータのプログラミング作業にピタリとはまった。機械と人間の間では、ことばが通じないとプログラムが動かない。「これは呪文と同じだ。ことばが通じないと、機械は仕事をちゃんとしてくれないのだ」と。

以来、コンピュータがわたしにとって、仕事であると同時に遊び＝知の探究の対象となった。おかげでコンピュータ室には9年勤めることができた。最初にそこに配属された6人のうち、9年後に残ったのは3人だけ。辞めた人は「なぜ自分がこんなことをやるのか」という抵抗感が抜け切れず、仕事のおもしろさを見つけられないままだったのではないか、と思う。

大得意なものを見つけ、人生を長期戦で捉える

仕事を遊びに転換できたわたしだったが、会社にとってみれば不良社員そのものだったにちがいない。毎日遅刻を繰り返し、何度肩を叩かれたかわからない。

30歳を超えたころ、こんな不良社員を野放しにするのはよくない、とおそらく会社の上役たちは考えたのだろう。外国部に異動となり、朝から晩までテレックスを打ちつづけるという、デスクワークに忙殺される日々を送ることとなった。

それまで、昼休みには翻訳をし、帰宅後には小説を書いたりしていたわたしから、自由な時間もエネルギーも消えてなくなった。ついには「これでは無理だ」と思い、サラリーマン生活をあきらめることを決意した。

しかし、退社を考えたとき、支えになったのは「コンピュータの技術があるからなんとか生活できる」という自信だった。最初は気乗りしなくても何でもつづけてみるもので、「芸は身を助ける」とはこのことだと思った。

ところが、退社して20年後、わたしがテレビなどのメディアに出始めると、今度は元の勤務先から会社のPRに協力してほしいと頼まれた。そのうえ、なんとスペシャル缶詰までつくってくれた。名づけて「アラマタ鮭缶」。

不良社員で何度も追いだされかけた人間だったはずが、会社のPRに役立てるようになった。人間の運不運は最後までわからない、運命なんてころころと変わるものだ、とつくづく感じた。

何事も現在だけを見ていると、やがて煮詰まってくる。

だからこそ、人生を長期戦で捉えてみてはどうだろう。

なにより、大得意な何かが発見できれば、その人への周囲の評価は変わるだろう。もちろん周囲の評価など二の次、三の次でもいいのだが、**大得意なものをずっと追求していける人生は何物にも代えがたい納得のいく生き方にきっとなる**はずだ。

ただし、好きなことを長くつづかせるには、一つの条件がある。これは勉強にもあてはまるのだが、常に何かと「ギブ・アンド・テイク」の関係がつくれないと実現しないということだ。アメリカの精神医学者アドラー（263ページ参照）風にいえば「仕事のタスク」だ。たとえば、自分の趣味がどこかで会社にメリットを与えること、好きなことをする代わりに何か一つを犠牲にすること、などなど。このバランスをとることが大切なのだ。

もう一つ、これは知り合いに起きた実際の話である。

フィギュア作家として活躍するS君。かれはわたしの弟の高校時代の同級生であり、当時よくわが家に遊びに来ていた。そのころのわが家は、タツノオトシゴなど海の魚を採集飼育する珍しい家だった。S君はすっかり海の生き物の魅力にはまり、採集についてきた。大学卒業まで熱心に海の生き物を研究した。

やがて社会人になったS君は、海の世界と縁を切って損害保険の会社に入り、お酒が好きになった。しかし大酒が災いして病気になり、入院と休職を繰り返し、仕事にも熱が入らなくなった。そして50歳になる少し前に東京へ転勤となり、20年ぶりにわが家へ遊びに来た。S君がすっかり疲れ切った中年サラリーマンになっているのを見て、弟は久しぶりに海へ誘った。すると昔の趣味がよみがえり、見違えるように元気になった。

S君は奥さんや子どもと相談し、50歳で会社を辞め、3年間海の生き物の研究に戻り、あちこちの水族館に知り合いをつくった。そして水族館のショップがどこでも似たようなお土産しか売っていないことに気づき、自分で粘土をこねて海の生物たちのフィギュアをつくり始めた。そして苦労の末、水族館の友人の力を借りてこのフィギュアの売りこみに成功。わずか5年で、退職時の年収を上回る売りあげを誇るフィギュア作家になった。まさに本気の趣味がS君を生き返らせたのだった。

おもしろくない勉強も必ず楽しくなるコツ

大学卒業後に就職したのが、水産会社。でも、その後は百科事典の編集にもたずさわるというふうに、わたしはこれまでいろいろな仕事に関わってきた。その体験からわかったことは、

「どんなジャンルでも、2〜3日やればその仕事はおもしろくなる」

ということだ。水産会社での資材部での経験も、最初は嫌でしかたなかったコンピュータのプログラミングにしても、やり始めたらおもしろくなった。コンピュータ室時代にたずさわった税金計算の仕事など、おもしろくないと感じた作業の筆頭だったが、これも付き合ってみると、いつしか生涯の研究分野になる要素がたくさんあることに気づいた。

コンピュータの仕事でたまたま所得税計算をやらなければいけなくなった。しかし、税金なんかおもしろくなさそうだ。では、これをどうしておもしろくしたのか。歴史を学んでみたの

である。

当時はまだ消費税がなく、導入するかどうかに話題が集まっていたころだった。そこで消費税について調べてみた。すると消費税の発祥は古代ローマ時代だということがわかった。

古代ローマ帝国はぜいたくと遊興を優先する暮らしをつづけていた。財政が逼迫《ひっぱく》しており、税収を増やすため、稼ぎがない人間からも税金を取る方法を考えた末に、生まれたのが「物を買う」行為に税をかける消費税だったのだ。ところが、この方策は混乱を招き、経済がうまくまわらなくなり、結局ローマ帝国が滅びる一因になったのだという。


こうしたことを調べていくと、興味がなかった税金の仕事も俄然おもしろくなってくる。おもしろくない勉強であっても、自分の関心につながることをどこかに見つければ、そうでなくなる。遊びのようにすることは可能なのである。

つまり、**勉強や仕事と遊びは最終的に区別する必要がない**。勉強や仕事をやりつつ、遊べばいいのだとわかってからは、「時間が余ったときに自分の好きなことをやろう」などという発想はいっさいなくなった。

ところで税金の話で思いだすのが、わたしの小説『帝都物語』である。会社を辞めた約5年後に『帝都物語』を出版したところ、350万部を超えるベストセラーになり、映画化もされ、サラリーマン時代には見たこともなかった印税が転がりこんできた。

そんな金額を手にしたことがなかったので調子に乗ってどんどん使った。それまで手の届かなかった高価な古書を買い漁ったのだ。出版元から「税金がかかるので、半分は残しておいてください」といわれたのだが、あとの祭りである。想像もしていなかった高い税金を支払う能力など、まったく残らないほど本を買っていたのだ。しかたなくわざわざ借金をして税金を払う羽目になった。

サラリーマン時代に、さんざん税金計算をやっていたはずが、自分のことにはまったく役立てられなかった。その反面、あまりの税金の高さに、世界各国の所得税を調べ始めると、これがまたおもしろかった。どんなことも、勉強に結びつく要素はやはりあるものだ。

第8章

自己承認欲求に負けない「あきらめる力」

自信のなさは、フロイト理論を脱出することで癒やす

人間とは奇妙なもので、たいていの人は自分が目立ちたい、成功したいという欲求を持っている。これを**「自己承認欲求」**とも呼ぶ。人からほめられて気分を悪くする人は少ないが、その逆だとショックは倍増する。SNS時代の現在は、そんなヘイトスピーチがあなたをむかしの何十倍にも深刻にする。

もちろん、人が進歩するための原動力として、「自分の弱さ」を知ることはたいへんにけっこうなことなのだが、反面、このために絶望感や劣等感にさいなまれる人も少なくない。痛さを感じるほどに。これを劣等感といい、トラウマとも呼ぶが、とにかく自信喪失におちいる。自信がなくなれば、人より目立ちたいという欲望も、人がこわいという恐怖症に変貌してしまう。

そもそもアメリカに精神科が多い理由は、このような劣等感に悩む人が多いからだ。そのためか、ヨーロッパではフロイトが「深層意識」というどろどろした本能的欲求による精神の変調を研究した中で、この「劣等感」という用語をつくったことから、一種の20世紀病として注

目されだした。アメリカでもそれを受けて、アルフレッド・アドラーという精神医学者が「劣等感」こそが心の病の本源だと提唱した。そして、劣等感は満たされぬ自己承認欲求がもたらすものだが、これは癒やすことができ、むしろ自己を高める原動力でさえある、と言明したのだからおもしろい。

本家本元のフロイトは、深層意識の中に隠された「謎の欲望」と見て、これをストレスや精神病の源と考え、その源を捕まえれば謎が解け、ストレスも収まると考えた。そこでかれは、これを根源のことばと考え、解読に乗りだしたのだった。

脳を介してやりとりするコミュニケーション・ツールとしての言語の前に、「文字にならないけれども、もっと直接的な衝撃を与える視覚情報、つまり光景」があった。これなら幼児でも赤ちゃんでも、受けとれる情報といえる。フロイトはその「原初の光景」が、夢であると考えた。夢に出てくる場面の映像には、赤ちゃんにもっとも大きな衝撃を与えた「原光景」が隠されている。これを解読する方法が「精神分析」として発展する。

そこで、夢の分析をおこなうようになった。その実例が有名なフロイトの『症例論集』で、翻訳もあるので、あなたも興味があれば一読をおすすめする。たとえば「狼男（ウルフマン）」の場合はこうだ。

ウルフマン（仮名）は、幼いころから急に乱暴になったり、いたずらを始めたり、あるいは父親や姉に反抗したりといった、異常行動が目立つ子だった。それが年齢を重ねるにつれて激しくなったため、フロイトが診療を引き受けた。

フロイトは、ウルフマンに、幼いころ悩まされた夢を語らせてみることにした。たとえば、この患者が描いた夢の「原光景」はこんな具合だった。暗い中で真ん中に大きな木があり、そこに狼らしき白い獣が6、7匹ほど枝の上に座り、ピクリともしないでじっと自分を睨《にら》みつけている――。

この原光景を分析するにあたって、その子の生活環境をこと細かに調査した。そしてフロイトは、次のように「原光景」を分析したのだった。

まず、この光景の源はクリスマスの晩にある。真ん中の木はクリスマスツリーであり、そのころ姉が見せた「赤ズキン」の童話の記憶を再構成したものである。木にじっと座る狼は赤ズキンの童話の影響で、おそらくはおそろしかった父親の監視する目と、同時にその獣が白いところから「狼のえじきになる子羊」をもあらわしており、じっと見つめる目が、「見つめる狼＝父」と「見つめられる子羊（自分）」との関係を、ファンタジーとして組みあげたイメージだったのだろう、と。

フロイトはそのとき、この夢は幼児期の記憶を思いだしたものではなく、さまざまな状況を組み合わせてつくりあげた「自分の複雑な精神状態」の表現だと受けとった。つまり、原光景はかれが自作したファンタジーであり、ことばにはできない「こころの叫び」だったのだ。

このような解釈になったのには、フロイトの前提仮説が大きく関係している。かれは、人間心理の基本に「性的な欲求」が幼児期から存在し、そのフラストレーションがしばしば精神に作用するとした。ウルフマンの場合も、かれの両親が夜の営みをするシーンを光景として記憶した可能性に言及している。

このほか、フロイトは「ねずみ男」（水木しげるのマンガのキャラクターとは別）の症例や、父親の厳格な教育により統合失調症となった「シュレーバー症例」など、きわめて興味深いこころの問題を分析している。

夢分析を「カウンセリング」に変える方法

ところが、これに対してアメリカで活動したアドラーは、このような「劣等感」こそ自身を改革し高みに昇らせる原動力だと考えた。かれはもともとフロイトと研究をしていたが、幼児のときのトラウマから脱出できないという考え方に反対だった。そして、精神分析の手法をフロイト流の夢分析から、現在おこなわれているような「カウンセリング」に変える方向を示した。

わたしも一時期、アメリカの精神医学が「トラウマ」と「劣等感」を重視し、「○○恐怖症」という呼び名で心の傷（じつはわたしは高所恐怖症）を説明していた時代に関心を持ったが、アドラー心理学とめぐりあってすっかり考えを変えた。

アドラーは、これらの心理的トラウマを治療するために、「原光景」のショックに対する自覚などではなく、自分が接する社会の人々との接し方、すなわち「ライフタスク」を変更するという方法を提案した。現在でも、カウンセリングの主だった治療法は「ライフタスクの変更」

だといえる。

まず第一の人間関係は、仕事上のお付き合いに代表される「一時的で短期の関係」であり、これをワーク（仕事）のタスクと呼ぶ。これは金銭関係などの関わりあいだから、相手が嫌いでも成立できる。いわばギブ・アンド・テイクの関係だ。

次が、学友や飲み友だちや近所の人たちのように、日常生活を一緒に送る人たちとの関係で、あまりきっちりとした金銭関係をつくらず、友愛によって結ばれる。それで「フレンドシップ・タスク」という。最後に親子や配偶者あるいは家族など、運命を共にする人との関係を「ラヴ・タスク」（またはファミリー）と呼ぶ。まさしく相互愛の関係だが、運命的な絆《きずな》であるため、じつは相手が大嫌いである場合もある。なんだか、ここですでにストレスの芽が見えてくる。

しかし、アドラーはここで、ストレスや恐怖症や劣等感を超えた「ある感覚」の存在を指摘する。それが「共同体感覚」だ。今までのタスクは自分にとって最良の調整をおこなうことで解決できたが、共同体感覚は、個人でなく社会にとって最善の行動をとろうとする欲求なのだ。なんだボランティアのことかというなかれ。この感覚は、個人が生まれて以来持つ欲求とはまるで違う。この感覚だけは原光景やトラウマみたいに一瞬で焼きついてしまうものじゃない。

その始まりは幼く弱い感覚であって、すぐにほかの強い欲求につぶされてしまう。これは成長段階で少しずつ身につき、育てていく欲求である。今まで自分本位だった若い男女が、子を持ってはじめて、「子どものためなら何でもする」という気持ちになる。このように、欲望や、その逆のストレスや恐怖症は、共同体感覚、いい換えれば「他人を優先しようという欲望」に変わりうる。したがって、自信喪失の原因である劣等感も、自分の力で克服できるはず。いい換えれば、3種類のタスクを自分に課し、それを全うすることなのだ。

第1の仕事関係なら、誠実さを守ること。第2の場合なら、共助の気持ちを発揮すること。そして第3の関係なら、相手に寄り添い、味方でありつづけること。

たとえば、仕事が未熟で失敗した人に対し、どう接するか。むかしは叱り飛ばして体罰も加えられた。だが、これではタスクが果たされていない。現在の流れは、叱りつけないこと、勇気づけること、あるいはほめることが学校などで推奨されているが、まさしく「愛のタスク」の発現である。できない子はほめなさい、自信のない子には勇気を与えなさい、けっして怒ってはなりません、という対処行動は、アドラーの大変換があって一般化したものといえる。

あきらめることも、勉強においては非常に重要である

そういうわけで、**わたしたちも自分に対して「愛のタスク」をおこなうことが、自身を回復させる現代的な方法**だろう。つまり、自分をほめ、自分を勇気づけることだ。自分を責めるのは最悪なのだ。

わたしはいろいろとアドラー的な劣等感の解消法を試みたが、いちばん効果があったのは、**自分に過剰な期待を寄せない**ことだった。平たくいえば、**あきらめる**のである。できないものはできない。

でも、そこからがタスクで、できない仕事の中でもいちばんやりやすいことを見つけるのだ。100点は無理だけど、50点なら取れる。これでよろしい。あきらめることは、けっしてマイナスではないのだ。もっとわかりやすくいえば、身分相応のところから始めて、自信をつけることなのだ。背伸びするのはそれからでも遅くない。これを中国のことわざで、大器晩成といい、またすでにこの本で示した通り、「櫟社の散木」ともいい換えることができる。

ところで今の時代、あきらめることはマイナスの行為としてしか評価されない。親も学校も子どもに「あきらめるな」と教える。「負けないで」という歌がスタンダードになる時代なのだ。あきらめること＝ダメなことであり、あきらめることが許されないとなれば、キレるしかない。

あきらめることは、非常に大きな可能性を秘めている。仏教でも「あきらめる」ということは煩悩《ぼんのう》への執着を捨てることを意味するので、非常に前向きな意味合いを持っている。

思い返せば、わたしたち団塊世代は、あきらめることの多い人生を送ってきた。その子ども時代は、日本が高度経済成長に向かっていたとはいえ、まだまだ誰もが貧しかった。わたしの家も貧乏だったが、それでもまだうちはいいほうで、隣の家などはお父さんがアルコール依存症気味だったため、お母さんが内職をして3人の子どもをどうにか育てていたのだが、その暮らしは子どもの目にも悲惨なものだった。子どもの1人に同級生の女の子がいたのだけれど、いつも靴下をはいていなかった。買えなかったのだ。

けれど子どもというのは残酷なものだ。その女の子の家が貧しいのを知っていながら、わたしも含めてクラスメートの男の子たちは、靴下をはいていないことをからかったりしていたのである。いっぽうで、みんな彼女の家の貧しさを知っていたから、クリスマスには駄菓子屋でビーズを買い、首飾りをつくってその子にプレゼントしたこともあった。愛のタスクは自然に身につくものだ。そのときの女の子のうれしそうな表情は、今でも覚えている。あんなふうに素直に喜べるのは、「貧しさを受け入れること」を知っていたからだと思う。今の小学生だって、やがては愛のタスクに目覚めるはずだ。

わたしにしても、食べることにこそ困りはしなかったが、大好きな本を買うお金がなかったので、学生時代は食費を削って本を買っていた。図書館もよく利用した。本が買えないとわかる＝あきらめる。すると人間、工夫をするものである。大学時代は教科書代を浮かして好きな本を買うために、授業に集中し、教科書は立ち読み暗記して買わずに済ませたりしていた。

つまり、買えないハンデがかえって授業に対する集中力を生んだのだ。

あきらめなければならない状況が、こうした工夫を生むのである。「本を買いたい」といっても、「ごめんね」と親にいわれるだけだったのだ。でも、それであきらめがついて、結局は自分の力でどうにかしようとさまざまな工夫をし、自分流の勉強スタイルをつくれたのだからよかったのである。

世界的な不況もあり、日本人はふたたび貧しくなりつつある。正規社員になれなかったり、年収が大きく減ってしまうようなことになれば、生活していくうえであきらめることがたくさん出てくるだろう。

そんな今だからこそ、**「あきらめる力」**が求められるとわたしは思う。

あきらめないで、無理にいい学校をめざしたり、仕事で成功しようと頑張りすぎたりする裏側で失われるものはたくさんある。こうした価値観をどこかで**「手離す＝あきらめる」**ことは別の大きな可能性を開くことになるのだ。

そんな地点に立ってみて、はじめてほんとうの勉強のスタートを切ることができるのである。

共同体感覚とは、はだかの自分を見せる勇気を持つこと

あきらめるといえば、わたしが最初にあきらめたのは「女性にモテる」ことだった。

しかし、「モテる」ことをきっぱりとあきらめたせいで、何の迷いもなくわたしは自分の好きなことに邁進《まいしん》することができた。

実際、わたしのモテなさはハンパでなかった。

第一に、見てくれが悪い。モテるために努力する気もない。1カ月服は着替えないし、お風呂も入らない。歯も磨かない。おかげで匂いがすごかったらしく、人からは奇人変人とみなされた。が、じつはこうした傾向は7歳ぐらいからあり、その当時にすでに世の中の評価や、人によく思われようと考えるのは、すべてやめた節がある。

これを称して「7歳でこころが朽ちた」と自分では思っている。要するに、自分に期待するのをあきらめ、老人になったわけだ。おかげで老人との付き合いがとても楽しくなり、老人は人生経験が多いから、さまざまな形でわたしの知識の大きな情報源になってくれた。

とはいうものの、青年期にはやはり誰もがモテたいと思うものだろう。それも精神的にというよりも、肉体的な欲求のほうが強い。「ホルモンの叫び」といっていいくらいに、毎日身体中が叫びだすのだから、それを抑えるのは至難の業といえる。だが、「自分はモテない」という呪文を唱えると、かなりあきらめがつく。

人によく見られたいという気持ちを捨てて、好きなことにのめりこんだわかりやすい例は、『釣りバカ日誌』のハマちゃんだろう。一見、ダメ社員のようだが大好きなことに集中しているおかげで人間的に強く、生き生きとして実にチャーミング。だから社長をはじめ周囲の人を惹きつける。

自分のダメさをそのまま他人に見せることはとても勇気がいることだが、それは一つの叡智だともいえる。

団塊世代の得意技、貧乏自慢にモテない自慢

それに比べて若い人たちを見ていると、人に嫌われたくないと思うあまり、お互いの顔色ばかり窺《うかが》っているような気がする。それでいて他人との関係が深まっているわけでもなく、自分の世界を広げているわけでもない。

まずは人によく思われることを忘れてみたらどうだろう。**他人の評判が気にならなくなると、自分のやりたいことに純粋に進むことができる。**その結果、自分の個性や生き方が見つかる可能性は、けっして低くはない。

ちなみに、団塊世代はその点で大人というか無邪気だったから、仲間の話が盛り上がるのは、たいてい貧乏自慢か不幸自慢だった。モテない自慢も盛り上がった。ひどい目に遭ってすっからかんにでもなると、ふつうの人たちは恥じて失敗を語ろうとしないが、団塊世代はまったく逆で、ひどい目に遭えば遭うほど大っぴらに語る癖があった。

わたしたち昭和22年生まれはベビーブーマーで、競争も激しかったが、逆にマイナスの競争というのも好きだった。上へ行く競争ではなく、下に行ってダメになる競争である。

この仲間に、路上観察学会というのがあった。筑摩書房で伝説の編集者といわれた松田哲夫《まつだてつお》さんが事務局となり、建築史研究と、のちに独特の侘《わ》び寂《さ》び住居を設計して名を馳せた藤森照信《ふじもりてるのぶ》さん、『老人力』や『超芸術トマソン』で知られた赤瀬川原平《あかせがわげんぺい》さんを中心メンバーとするニセの学会「路上観察学会」を1986年、学士会館で創立させた。活動目標は、街に残る忘れ去られた残骸ながら、孤高の姿を残している廃墟やインフラを眺めてまわること。

路上観察の際は、東京の安い宿を拠点とし、メンバー各々で1日歩いて発見した変なもののスナップ写真を発表しあう。これがまた、みんなで貧乏自慢をする場となり、自分は肝心のカメラを買ったことがないとか、誰一人自動車の運転免許がないとか、服装もぼろぼろで風采があがらないとか、自慢の種に事欠かなかった。

イラストレーターの南伸坊《みなみしんぼう》が、わたしのみじめないで立ちを見かねて、自分の上着をプレゼントしてくれたこともあった。銭湯へ行けば、みんな古くさい形のパンツで平気だし、それをさらに自慢するものだから、まわりの人もあきれたろう。考えられないことだが、それをダンディズムとすら思い違えていた。

でも、それが知の自由の表現だった。

若かったせいもあるが、都会という新世界で詫び寂びを求める芭蕉《ばしょう》の心意気が共通していたのだった。

幸福をゼロ円で買うマンガ家の教え

そんなボロボロ生活に動じなかった理由は、要するに、それでけっこう楽しかったからだ。やがてわたしは、そんな生活から一つの真理を発見した。**「幸福とか満足というのは、安いほどありがたい」**と。

この真理を教えてくれたのは、妖怪マンガ家でわたしの大師匠でもあった水木しげるさんだった。『ゲゲゲの鬼太郎』が絶好調のときですら、大先生《おおせんせい》は「人生の幸せは寝ることと、空気をタダで吸えることだ」と平気でのたまったのだ。

戦前の人たちはほんとうに質素な暮らしぶりで、寝るのが天国、とよくいう人がいたが、水木さんはその王者である。なにしろ、水木さんを幸せにするのに、お金はまったくかからないのである。寝るのと空気を吸うので満足だから、幸せをゼロ円で買っているのと同じだ。ダイヤモンドを１００万円で買っても幸せになれない人なんかは、幸福を買う単価がものすごく高い計算になる。

この水木式幸福法は、ご自分でもよほど気に入ったようで、「幸福観察学会」という、これまたニセの学会を創設されていた。その教義はもちろん、「幸福は安く買うものである」に尽きる。そして水木さんは、太っていて幸せそうだが、金がないので餓死寸前の後輩作家に鯛焼きを持参しては、大きく膨らんだお腹をさすりながら、「1日何食たべるの？　金がないの？　それじゃあ餓死ですな。アハハハ」と、ほがらかに笑うのがお好きだった。この境地に入れば、世の中は何もこわくない。

もっとも叶えたい希い「ベスト3」を、人生から外してみる

成功したい。お金持ちになりたい。異性にモテたい。多くの人が人生で叶えたいもっとも人気の高いベスト3を挙げるとすると、ざっとこんなところだろうか。

だが、よく考えると、みんなが同じものを望んでいるなんてちょっとヘンだ。同じ目標に向かい、こぞってエネルギーが投入されているわけで、このエネルギーをそれぞれがもっとほかの方面へ向ければ今とは違う楽な社会が出現しているはずだろう。みんながもっと別の可能性をめざせば、多様な社会ができるのではないだろうか。

そこで、それを逆手に取った生き方をしてみたらどうだろう。つまり、人気ベスト3をとりあえず、自分の人生から外してしまうのだ。するとそれらが人生の相当な重圧になっていたことに気づく。

実際にそうしたものを外すと、自分の生き方にかなりいろいろな可能性が生まれてくる。生きることが楽で自由になり、さまざまなことができるかもしれない。

自分を低い評価にとどめると、学べるものが多くなる

今でも原稿を書くとき喫茶店によく出かけるが、昼間の喫茶店にいると離婚話など深刻な会話に遭遇することが多い。

離婚話の場合、申し訳ないが仕事をやめて耳をそばだててしまう。すると必ず相手の悪口が出てくる。おそろしいほどにボロクソにいう。旦那の給料が安いとか、いつもお酒ばかり飲んで酔っ払って帰ってくるとか、日曜はゴルフの付き合いでいつも家にいないとか、そのくらいのことは理解してあげてもよいのに、と思うようなことばかり。

このような喫茶店での会話にしても、あるいは会社員時代の昼休みの四方山話《よもやまばなし》にしても、聞きながらいつも感じるのは、人の評価はつくづく当てにならないということだ。そんな暇つぶし程度の評価なら、世の中の人が何といおうとそれを逆手にとって自分を貫くほうがいいんじゃないか、と思ったものだ。

考えてみれば、わたしは子どものころからこの外見と体格のおかげで、友だちから化け物じ

みたあだ名をたびたびつけられた。傷ついたし、嫌でしかたなかった。

でも、自分を嫌だと思いつづけていては気持ちが暗く、辛くなるだけである。そこで、「そうだ、自分はたしかに能のない人間だ」と自認することに決めた。**何でも自分で認めてしまったほうが、人間は楽に生きられる**。いい換えれば**開き直る**こととも いえる。他人の悪口でも平気で認める開き直り法を開発してからは、奇人変人と呼ばれることが楽しくなったし、おかげで好きなことに邁進できた。

最近は「プライド」ということばをむかしに比べてよく聞くようになったが、プライドはたいがい必然的に、生きることへの負担を強いてくるものである。そうではなく、**自分への評価を反対に低く設定しておくと気が楽になり、人の目を気にせず思い切っていろいろなことができる**。

自分の欠点を認めることは、すなわち他人からの評価を吸収、消滅することだ。自分の欠点、苦手とすることを指摘されるのが好きな人は、おそらくいない。誰にも見栄というものがあり、ほとんどの人は他人によく思われたいと考えている。そういう状態をキープできれば、精神は安定するからだ。

しかし、人生はそううまく運ばない。自尊心と他人の評価との均衡がしょっちゅうズレる。そして、そのズレを修正しようと躍起《やっき》になることに、人はけっこう馬鹿にならないエネルギーを浪費してしまうものだ。

わたしは、あえて自分の評価を低いほうに置いたことで楽に生きられているし、結果的に得をすると思っている。自分は賢い、などといい張っていると、最後には辛くなるだけだ。

相手に最低だと思われれば、こちらへの期待がなくなり、逆に少しでもいい面を見せることができた場合は、そこが余計に目立って評価もグンと上がる。マイナスがプラスに変わる可能性はあるが、マイナスがさらにマイナスになったところで、たいした問題ではない。

つまり、自分のイメージを世の中がつくるのであれば、最初から最低レベルの評価を容認しておけばよろしい。もともと最低なんだから、マイナスのことがあってもたいして傷は受けない、と開き直ろう。アイドルや優等生はプラスのイメージをつくりすぎるから、一つのマイナスがすべてをぶちこわしにしてしまうと錯覚するのだ。

自分をマイナスの評価に置くことで、仕事に役立つシーンがある。インタビューをするときだ。

あらゆる分野の専門家の先生方に話を伺う際、こちらは門外漢でただの物好きだ、という態度で相手に接するなら、専門家からいろいろな話を引きだすことができる。逆に、知ったかぶりをしてしまうと、相手は構えてろくに話をしてくれないだろうし、嫌な気分になることもある。だが、「わからない、知らない」という構えで向かうと、「教えてあげよう」という相手の気持ちを刺激し、高いところから水が流れてくるように相手の知識や情報がこちらに注がれる。

もし、こうした姿勢で勉強に取り組んだら、知識やアイデアの吸収は早くて大きい。なにしろ**水は高きから低きに流れていく**のだから！

短所を克服すると、かけ算で伸びる

「長所を伸ばせ」という人がいるが、わたしはむしろ短所に目を向けたほうがよいと考えている。テレビ出演の際に出会った、短所を伸ばして成功した人の話を紹介しよう。

彼女は不景気の中にあって〝銀座の奇跡〟と呼ばれるほど成功したクラブのママなのだが、ホステスを志した初期は、「そんなブスはいらない」と何十軒もの店に断られたそうである。ふつうはここで挫折するだろう。でも彼女はそのマイナス評価を受け入れた。すごいのは、〝ブス〟というみずからの短所を逆手にとって売りにしたことだ。

美人を前にすると、男はうれしい反面構えてしまう。けれどブスなら、そんな必要もなく気楽に話すことができる。話し上手であれば、なおさら喜ばれる。そう考えた彼女は、〝ブス〟を前面に出す作戦に出た。するとどうだろう。親しみやすさで瞬《また》く間に人気を集め、店のトップに躍りでたのだ。そうして銀座にその名を轟かす「ブスママ」として、クラブ3店のほか、マッサージの店、割烹、ナーサリースクールまで経営を広げるなど、成功したビジネスウーマンとして注目されるまでになったのだ。

このママの例を見てもわかる通り、**短所を長所に変えることができれば、自分の可能性は一気に広がる。**誰でも得意なことよりも、苦手なこと、嫌なことを克服したときのほうが、人間的にグンと成長する。つまり、飛躍できたと感じるのではないだろうか。

とはいえ、短所に手をつけるには相当な勇気が必要だ。ブスママにとっては「ブスはいらない」とまでいわれたその不利な条件を逆転の発想で長所に転換させ、ひいては「ブスママ」という銀座の世界にはないパーソナリティーを打ちだすことで、成功するきっかけになった。

パーソナリティーというのは、いわばその人が持っているユニークさのことである。〝ブス〟という突出したユニークさをパーソナリティーとしてプラスに考えることが、その人の能力をかけ算で伸ばすことになった。

近ごろは長所を伸ばすことがよしとされる風潮にあるが、度を越すと危険だと思う。長所に頼りつづけると行き詰まることがけっこう多いのだ。もともと得意なのだからじつは伸びしろが少なかったりする。

そこから能力をさらにレベルアップして抜きんでるには、けっこう大きな努力が必要だ。1

位を維持するのが大変なのと同じである。

いっぽう短所を持っていることは悪いことではない。だから、時期を見ながら、あえて苦手だったり、やったことのないものに挑戦するのも能力を伸ばすコツである。不利な状況に身を置くのもいい。学生なら、嫌いな科目の中に好きなことを探してもいいだろう。

将棋でいうなら飛車角落ちの勝負をするのだ。〝負けて当然〟なのだから、逆に大胆な手が使えるではないか。反則技でもカエル飛び戦法でも試すことができる。それで逆転できたとしたら満足感は大きいし、それによってさらに上をめざそうという意欲が湧いてくる。

短所という一見不利な条件は、気の持ち方次第でいつでも武器に転化できるのである。

第9章

最強の「勉強法」は読書、場所はトイレと風呂と喫茶店

あなたは最強の勉強空間を知っているか？

自分にとってベストな勉強空間を見つけることは、案外むずかしい。環境がそろっていて安心できる空間がそれにあたるのか、あるいは集中できて能率がどんどん上がる場所を指すのか。環境が整っていること、すなわち能率がアップする空間だと思われるかもしれないが、そうとはかぎらない。

原稿の締め切りが迫っている作家を出版社が都内の高級ホテルに缶詰めにさせたところ、ホテルのきれいな部屋は落ち着かないので、結局は近所のコーヒーショップチェーンに行って、そのテーブルで原稿を書いていたという。じつはこの類の話はむかしからよく聞く。

人間という生き物にどこか偏りがあるせいだろうか、完璧な環境というのはかえって人を落ち着かなくさせるところがある。そんな経験は誰にでもあるのではないだろうか。

わたしもまたその一人なのだ。原稿の締め切りが迫っているときなどは、自宅の書斎ではなく近所の喫茶店に行く。書斎だとあまりに居心地がよくて、ついつい好きな本を読んだり、ネットオークションに夢中になったりと、やるべきことより楽しいことに気が向いてしまう。そこから脱出して喫茶店に行く。

そしてさらに切羽詰まったときに、わたしが活用する場所が二つある。

前にも少し触れたが、そういう楽園的な場所とは、まずトイレ。我が家のトイレは意外に広く、本棚も置いてあるが、さすがに書斎の大きさはないので、集中するのにとっておきのこもり場となる。わたしの場合、ズボンを脱いで便座に座ると集中力が増す。ズボンをはいたままだと気持ちが落ち着かないのだから、人間の習性とは不思議なものだ。

そうやってトイレに1時間ほどいると、かなり仕事が進む。が、トイレを使う場合には、同居する家族に「すみません、1時間ほど専用にさせてください」とお願いする必要はある。家族に迷惑をかけないために、わが家はトイレを二つにした。勉強部屋の代わりなら、安い。

わたしにかぎらず、トイレでは集中して本が読めるというトイレ書斎派はけっこういるらしい。そんなに集中できるなら、ただの便器を買ってきて書斎にでも置けばいいだろう、といって実際にそうした人の話を聞いたことがある。

もう一つ、本を読んだり、アイデアを練ったりするのに格好な場所はお風呂だ。冬の間はじわじわとお湯が冷えてくるので時間との闘いだが、これが集中力を高めてくれる。

とくに長い時間読書ができないドライアイの人は、蒸気が充満した風呂場なら目が乾くことはない。集中しすぎて夏はのぼせないよう気をつけないといけないが、短時間であってもいろいろな閃きを与えてくれる貴重な場所である。そんな理由から、わたしにとってお風呂はトイレに次ぐすばらしい仕事場だ。

また、本屋もわたしにとっては欠かせない勉強空間である。最近は椅子が置いてあったり、欧米風にゆったりと本が読める店が増えてきている。もっとも本屋では、基本〝立ち読み〟というのが短時間なら許される。ただ、立っていると疲れるし、なるべく短時間でその本を買うかどうかを決めねばならない。それゆえ嫌でもめざましい集中力が出る。必要な部分を頭に入れて、次の棚へ……と、かぎられた時間でかなりのことがリサーチできる。

もっとも立ち読みばかりだとお店にとっては迷惑な話だから、そんなふうにお世話になったときはなるべく何冊か本を買うようにしている。これが本屋さんへの最低限の礼儀だろう。

前述した通り、トイレ、風呂、そして本屋の立ち読みと、ふつうの人があまり注目しない環境で集中力が高まることは、経験すれば誰でも納得できる。

この面でわたしがいちばんすさまじいと考えるのが、「獄中」という環境だ。入獄したのを機に昆虫の研究をして獄中で論文を書いた人がいた。エコロジーの先駆的研究をしたアメリカのフォーブズという人だが、南北戦争で捕虜になって入獄しているあいだに、昆虫や植物の本をたくさん読み、出獄してからナチュラリストとなった。

日本ではアナキストの大杉栄《おおすぎさかえ》という人がいる。もともとフランス語を学ぶ学生だったが、社会改革運動に参加して何度も入獄した。しかし大杉は獄中で語学をさらに磨き、『ファーブル昆虫記』を翻訳してしまった。またダーウィンの『種の起源』も翻訳した。

獄中という閉鎖空間をあえて執筆や翻訳の場とした人々の集中力はすさまじいものだったろう。

思えばわたしたちの時代には、自分の勉強部屋を持つ子どもは少なかった。家族が居間でくつろぐかたわらで勉強していた。おかげで周囲がうるさくても集中できる「ながら族」のノウハウが身についた。それは集中力を分散させるマルチなスタイルを持つことを意味した。

しかし、これまで述べたように**人間には自己保存能力のようなものがあって、不利な環境ほど短い時間をうまく使うようになる**ものらしい。わたしもテレビ収録の際、本番までの待ちの1時間のほうが、家で1時間あるときよりも原稿作業が早く進んだりする。

ところで、わたし自身は今なお「ながら族」の性質が抜けず、自宅のリビングで原稿を書きながらテレビを観ながら、ついでに妻と会話も楽しんでいる。

でもそれは、刺激に反応しただけであって、あとになってみると何をいわれたのか、どう答えたのかがまったく記憶になかったりする。「だったら返事なんてしないでよ」と、いつも妻に叱られる。結局のところ、人間は一度にいくつものことをしているつもりでも、ほんとうに集中できるのは一つのことだけなのかもしれない。

ついでに、本を読む場所としてふさわしいのはやはり喫茶店だ。これは高名な眼医者さんに聞いたことだから信用してほしい。喫茶店で注文するお茶やコーヒーは眼にいいという。まだ温かいうちなら、お茶は湯気で蒸気を発散しているから、眼の疲労はカップに顔を近づけることで癒やされると聞かされた。とくにドライアイの人にはすすめておきたい。

座右の書は死ぬまでに見つかればいい

雑誌などでたまに「有名人に聞く座右の書」といった特集記事があったりする。

しかし、「座右の書」というものはそう簡単に見つかるものではないと思っている。「座右の書」とは、さまざまな経験や勉強を長い時間かけてしつづけたのち、おそらく死ぬ前に見つかるものではないだろうか。それならば、まずは読むことだ。

最近はあらゆる事柄に対するハウツー本が出まわっており、そのために誰もが行動に対する結果を急ぎすぎているように見える。読書に関してもそうだろう。読んだらすぐ役に立つことばかりを望んで、本を探してはいないだろうか。直ちに自分のためになったと感じさせるような本は、いってみれば対症療法の手引きである。

本の魅力の一つは、一度読んで理解できなくても、時間を経て開いてみるととてもよくわかると感じたり、以前とはまったく違った感想を抱くことだ。とんでもない悪書だといわれるものであっても、時と場合によって非常におもしろく読めることがある。逆に、むかしはおもしろいと思って手にしたのにまったくピンとこなかった、ということもある。

つまり**本に対しては結果を急いで求めないこと**だ。最終的に、ほんとうに大事な1冊に出会えるまでじっくりと、あらゆる本との出会いを楽しもうではないか。

いい本は第一印象で見抜ける

学生時代、先生に「いい本を読め」といわれた。だが、じつはいい本には二通りある。一つは、世間的に評価されている本、もう一つは自分の感性に響くいい本である。

世間の評価で選ぶ場合には、書評や売りあげ、ネットの感想など具体的な参考データはたくさんある。反対に主観的な評価となると単純にデータ化できない。感性の世界なので経験を積み、インスピレーションを磨いて選んでいくしかないだろう。とはいえ読者にも活用をすすめたい、いい本選びのコツはある。

その一、タイトル。タイトルに惹かれたり、はじめの2、3行を読んでおもしろいと感じたりしたら、自分にとっていい本である可能性がかなり高い。タイトルには筆者か、あるいは出版社の趣味と叡智があらわれるからだ。

その二、小難しくなく、読みやすいと感じた本のほうが深読みできる。はじめから終わりまで理屈が先に立っているような本は、途中でつまずくことが少なくない。

その三、作家名にピンときた本は役に立つ。わたしの場合は、幻想文学や図鑑など、ふつうの人があまり手をつけない分野の本に興味があったので、たとえば「××伯爵」とか、妙な肩書がついていると「これはいけそうだ」とそそられる。

たとえていうなら「綾小路《あやのこうじ》きみまろ」だ。自分のことをネットにおけるハンドルネームのように茶化した感覚で名前をつけている人物というのは、ユーモアに富み、主観にへたにおちいらないバランス感覚を持ち合わせているものだ。

わたしがそういう直感を得た作家の1人に、H・P・ラヴクラフトという怪奇作家がいる。当時は日本でまったく無名だったが、今は非常にポピュラーな怪奇文学の大作家とうたわれている。Loveとcraftを英語辞書で引くとわかるが、なにやらセクシャルな意味が隠れている。ロンドンへ行ったとき、大きな文字でLovecraftとあったので、その店に入ってみたら、大人の玩具を売る店だったのには驚かされた。日本人作家の「魅かれる筆名」だと、やはり夢野久作《ゆめのきゅうさく》か泉鏡花《いずみきょうか》がいい。

俳句をひねる人は自分の雅号をつくるが、雅号というのはまさに作品の一つ。名前に書き手の傾向や嗜好といったものがエッセンスのように詰まっているいい例だが、雅号のような感覚でつけられている名前は、このように作品傾向を示唆するヒントが詰まっている。

その四、目次を読む。興味を引く見出しが多ければ買って損をすることはない。とくに洋書は、目次を読めば展開がイメージできるものが多い。

そのほか和書には少ないが、索引もまた、それが自分の求めている本かどうかを見極める重要なヒントを与えてくれる。18世紀のヨーロッパ史に関する本を見つけたとしよう。わたしは真っ先に「フリーメイソン」ということばを検索する。この単語がどのくらい出てくるかで、自分が読むべき本かどうかを決める。もし10カ所も出てきたら、著者はわたしと似た視点で書いている。だからこの本はおもしろいにちがいない、という結論になるわけだ。

またそのほかに「フック」となりそうなものに、解説（あとがきやまえがきを含む）と装幀があるが、ともにあまり当てにならない。解説はわたし自身けっこう頼まれるが、これは宣伝を担う文章でもあるので、基本的にはいろいろなところをほめるようにしている。つまり、欠点などはわざわざ書かないので客観性がないのである。

装幀は著者よりも出版社の意図が反映される場合のほうが多い。むかしはたとえば、夏目漱石《なつめそう》石《せき》や森鷗外《もりおうがい》の作品に対し、彼らと親しかった画家の中村不折《なかむらふせつ》が題字や挿絵を描き、それによって本文の雰囲気が香り立つということがけっこうあった。今はそういうケースは少ない。著者の思いがあまり生かされていないので、読んだときの印象とのギャップが生じる。モダンな表紙の本なのに読んでみたら古くさかった、というのがサンプルだ。きれいなパッケージが中身を保証するわけではない。

いい本に出会うコツのようなものを述べさせてもらったが、かくいうわたし自身、じつは買ってみて「いい本」だったということのほうが少ない。でもいろいろな失敗をするからこそ、いい本に当たる勘も鍛えられる。**無駄な本との出会いも大切**なのだ。

廃棄処分の本からお宝を見つける

他人にとって無用な本が、自分にとってはいい本ということがある。わたしの場合、捨てられた状態の本を安値で買ったことがきっかけとなり、生涯を通じて読みつづけた結果、立派な英文学の先生の弟子に加えてもらい、しかも職業にまですることができた。その本のジャンルは、すでに書いたように、西洋の幻想文学であった。

中学の卒業間近のことだった。

おたふく風邪にかかり、五日ほど学校を休んでいた。寝ているだけでやることがないわたしは新聞広告を眺めていた。そのとき、ある出版社が倒産し、ゾッキ本（いわゆる投げ売り本）をデパートで売りに出している広告を見つけた。なにしろ安いし、「吸血鬼」「幽霊島」などという自分好みのタイトルが並んでいるのに惹かれ、さっそくそのデパートに注文して配送してもらった。

それは『世界恐怖小説全集』という12巻の叢書で、我が国ではじめて出版された西洋小説の

「知られざる分野」だった。といっても、タイトルを見たかぎりでは怪談話が収められたものだと思っていたのだが、実際に読んでみると単なる怪談話ではない。どれも、人間の心理の裏や、非常にまれにしか起こらない不思議な現象を扱った深い内容が書かれており、非常に異質な文学ながら哲学的な要素も十分に含んでいた。

考えてみれば、澁澤龍彦とか、平井呈一とか、その分野の達人が選者だったのだから、おもしろい作品がそろっていたのも不思議ではない。出版社はこの全集の売れ行き不振が影響して経営が苦しくなったともいわれるが、おそらく日本に紹介するには時代が早すぎたせいだったのだろう。その証拠に、この全集が発売されて20年後には、日本に幻想怪奇文学のブームが押し寄せた。

そのとき手に入れた本の中で、とりわけ「吸血鬼」には好奇心をかきたてられた。舞台は19世紀。正体が吸血鬼である貴族の夫人によって、周囲の女性たちが夜な夜なめくるめく世界に連れていかれ、そのできごとを不審に思った心理学者が怪異の原因を解明していくといった内容で、当時レズビアンと呼ばれた同性愛の物語でもあった。わたしはその本を通して文化の先端で起こりつつあるジェンダー問題にも注目することになった。ほんとうに、ただの怪談話とはちがう、新分野としての幻想文学にハマってしまったのだった。

さらに、その手の本を探して読んでいた中で、英米文学に関しては、ほとんどの翻訳を平井呈一という人が手がけていることに気づいた。わたしはまだ中学生だったが、思い切ってファンレターを出した。

平井先生といえば、小泉八雲作品の全訳や、海外怪奇文学を日本に紹介した翻訳界の第一人者である。けれども、中学生のわたしは相手がそんな大先生と知る由もなく、ただ好きな本の訳者という憧れだけで、出版社に手紙を送った。すると、なんと返事が来たのだ。万年筆で筆書きのように細くなったり太くなったり、当時60代に入ろうかという平井先生の達筆は、とても興味ぶかかった。そして、その手紙には次のように記されていた。

「あなたは珍しい中学生だ。日本ではこの手の分野の作品はなかなか普及しない。わたしは小泉八雲作品の翻訳をライフワークにしているが、怪奇、幻想系文学は日本語で読もうと思っても、日本での出版は望み薄なので、ほんとうに読みたいなら原書で読むことをお勧めする」

そこでわたしは先生のアドバイスに従い、中3のときから日本橋の丸善に洋書を買いにいくようになったわけだが、中3の英語力では、19世紀の英米文学はまったく理解できない。そこで次は短編集を買い、1週間くらいかけて毎晩読みつづけた。それでも主人公の名前と結末ぐらいしかわからなかった。

ところが不思議なもので、10作ぐらい短編を読んでいくうちに、辞書を引きながらとはいえ、だいたい内容を理解できるようになったのだ。一作読むごとに英語力がぐんぐん高まっている実感があった。楽しくなって、今度は長編にチャレンジすることにした。平井先生の「アメリカの現代作家の作品は読みやすい」というアドバイスに従い、そのころ評判になっていたレイ・ブラッドベリのＳＦファンタジーから手をつけた。

するとどうだろう。まるで日本語を読んでいるみたいに場面が浮かんで楽しく読み進められ、「これは原書が読めるかもしれない」という自信が湧いてきた。それから間もなくして、読みたい本をほぼ不自由なく英語で読めるようになったのだから、平井先生には感謝するばかりだ。

まさしくこれは、廃棄処分の本から宝を見つけた体験といえる。人がいらないと手離すものには、案外と宝の鉱脈がひそんでいたりするのだ。

人の話をよく聞き、二つ以上の職を持つ秘術

わたしは10年近く私企業に勤めた経験がある。いわゆる一般的な市民だったわけだが、まだ入社したての若い人たちに、ぜひとも伝えたいお勤め生活の秘訣がある。一つは、入社までに付き合っていた仲間と絶縁しないこと。会社人間になると、どうしても交際範囲が社内に絞られてくる。結婚も社内結婚が多くなる。また、社宅がある場合には、一家そろって会社人間になる極端な事例もある。

しかし、それに甘えていると、広い社会の「井の中の蛙《かわず》」になる。

まずは**趣味を持つ**ことだ。趣味なら、社外の人たちとも深い付き合いができる。それから**異業種の友人も持つ**べきだ。社会の見え方が大きく広がる。とくに必要なのは、学校の先生方とはせめて年賀状交換くらいは切らさないことだ。これだけでもあなたの暮らしは風通しがよくなる。

そしてもう一つは、できる範囲でよいが、**二つ以上の副業を持つ**こと。会社で副業を禁じら

れていたのは、むかしのこと。これだけ休暇が増えれば、これをどう有効に活用するかで、あなたの暮らしの充実度は違ってくる。この二つを怠《おこた》ると、あなたの世界は年齢とともに縮まっていき、やがて孤独な老人でいる自分に気づく。会社生活は長くてせいぜい40年にすぎないのだから。

会社勤めを始めたころ、わたしは上司や同僚との付き合いにまったく関心がなかった。大学2年から翻訳家として仕事をしていたわたしは、昼休みの1時間はとても重要だった。その間にペーパーバックの1ページ分を訳すことができたのだから。

とはいえ、同僚たちに「昼食に行こう」と誘われるたびに断るわけにはいかず、しかたなく付き合い始めた。終業後も同じだった。わたしたち団塊の世代は社会人になっても学生気分が抜け切れず、アフターファイブをなぜかみんなでつるんで繁華街を徘徊《はいかい》したり、怪しげな映画を観に行ったりした。これを「放課後」と呼んで、ちょっと毛色の違う上司も参加することがあった。

しかし、職場の人たちに「飲みに行くぞ」といわれて、最初は行くのが嫌でしかたなかった。ところがいざ飲み会に参加してみると、一人で翻訳をやっているよりもみんなの会話を聞いているほうが楽しい。以来、わたしは進んで人付き合いをするようになった。

たとえば電話の交換台担当の人は（当時は交換台がまだあった）、社外からかかってくる社員の私用電話をすべて把握していて、誰が誰と付き合っているといった個人情報まで熟知しているという噂であった。

その情況におそろしさを感じたいっぽうで、人はみな他人に関心があるということを思い知らされた。勤務中に交わされる表面的な会話と、放課後に語られる事実や思惑を照らしあわせていくと、サスペンスフルな人間ドラマが展開している。他人にあまり興味がなかったわたしは、人との四方山話や噂話から学べることがとても多いことに気がついた。

だから会社を辞めたあとも10年ぐらい、喫茶店でほとんどの原稿を書くようにしていた。喫茶店での会話というのも非常に興味深いからである。狙い目は店が空いている昼間の時間。すると「わけあり」の人が隣に座ってくれたりする。

中でもおもしろかったのは、英語学習教材のセールスレディとお客さんの会話だ。

セールスレディのターゲットは新入社員もしくは大学の新入生である。ことば巧みに誘って喫茶店に連れ込み、2時間ぐらいセールストークを展開するのだが、第三者として聞いていると彼女たちのテクニックがすごくよくわかる。さんざんすすめておいて、相手が「よし買おう!」と思ったところで、「まだあなたには売れません」などとあえて水を差してみたり。一度じらすことで、相手の購買意欲を余計にかきたて、夢中にさせる。このあたりのテクニックはまるで銀座のホステス並みの手際だった。

押しては引いて、を繰り返すうちに、売りこまれる側はどんどんセールスレディの話にのめりこんでいく。はたから見ていると、逃げ場がないほど攻めこまれているのがよくわかった。

その会話を聞きながら、相手のツボを押さえた心理テクニックの巧みさに感心した。

そうやってわたしはあちこちで、他人の会話から生まれたたくさんの小さなドラマを聞いた。

それはあとで小説を書く際に大きな役に立った。人は他人の会話からも知らず知らずのうちに、さまざまなことを学ぶものだ。

第10章

「人生丸儲け」と、「間違える権利」

「批判的に本を読む」ことは意義があるか？

よく「テキストは批判的に読め」と口にする人がいる。しかし勉強や読書においては、批判的にならずにいたほうがいいとわたしは思う。はなからそのようなアラ探しの姿勢でのぞむと、場合によってはもっとも根源的で大事な部分を見失ってしまいかねないと思うからだ。

批判的に読書をしてみたら、どんな感じだろうか。「これはおかしい？」「間違っているのでは？」と思いながら読むので、まず楽しそうではない。

批判的な読書というのは、鎧《よろい》を着て本を読むようなもの。そんな窮屈なスタイルでは疲れるだけだ。

それよりもリラックスして、ジャージや浴衣姿でゴロッと横たわり、読んだほうが楽しい。蚊に刺されたみたいな駄作にぶつかったり、途中、熱い湯のみを手にしたような熱くて持ち切れないようなむずかしい本に出会ったりする中で、読書が栄養になっていくのではないか。

第一、批判的であることにとらわれると、その全体に秘められた意義ある部分も見落としてしまいがちになる。

逆にリラックスしてとりあえず何でも受け入れるという姿勢でいれば、毒のような刺激の強い部分も拒絶したりせず、むしろおもしろいと感じたりすることもできる。自分にとってよいと思える本は、やはり役に立つ本なのだ。

わたしは、意識して批判的に本を読まないことにしている。最初から批判的になるよりも、その本の長所を吸収するほうが生産的だからだ。ただし盲信するのではない。間違いを用心したり、すぐに更新できる柔軟さは必要だ。

もっとも、こういうケースもある。それは批評家、専門家筋からボロくそにいわれ悪書のレッテルを貼られているような本を読むときだ。ダメな部分は忘れながら読めば、その本の中にあるほんとうに評価できる部分にぶつかることだってある。

天下の名言、「人は間違える権利がある」

ところで批判的ということで思いだすのが、平凡社で百科事典づくりに関わっていた30代のことだ。

百科辞典となれば間違いは許されず、いろいろなところにじつに細かな神経が求められる。説明文が読みにくい、項目の整理がなっていない、専門性に乏しく説明内容が浅い、数字が多い……。そんな読者の批判的な感想が多く寄せられる本であるがゆえに、編集にたずさわっている全員、読者目線に立った批判的精神に満ちていた。

しかしながら、売りとして専門性にこだわったのに、出版後の読者の反応は「専門的すぎる」などと、わたしたちが想像したものとはまったくちがっていた。また、見落としたミスもかならず発生するものだが、厳しく指摘されると自信を喪失する。長い間、必死に作業に取り組んだ挙げ句の果てに、スタッフががっくりと肩を落とす中で編集長がこういった。

「いや、こんなに膨大な情報を編集して、読者に提供する仕事なんだ。**われわれには間違える**

権利があると思うのだ」と。

名言である。そうなのだ。人間には間違える権利があり、間違えることも、それを他人に批判されることもけっして恥ではないのだ。

とはいえ、開き直っているだけではダメ。謙虚に、間違いをあらためていくことができるかどうかが肝心となる。

「人生丸儲け」の感覚をやしなうコツ

大人になってから単純に物事が楽しめなくなった、という人も多い。「子ども時代はよかったなあ、無邪気に遊べて」などとよくいったりするが、当然だ。子どもというのは、楽しんでさえいれば、それで認めてもらえる存在なのだから。

しかし大人になると、楽しんでいるだけではたいてい怒られる。会社などではとくにそうだ。楽しんでいる人にかぎって、「あんな楽しそうにして。遊んでいるやつはダメだ」といわれる傾向が、とくに日本にはあるような気がする。その結果、苦手な仕事に回されたりもする。そして思うのだ、「ああ、自分は地獄に堕ちたな」と。

わたしも会社員時代、いちばん行きたくなかったコンピュータ室に配属されたときに、そう思った。でも振り返ってみれば、あのときこそ、苦手なものを自分のONラインにのせる大チャンスだったのだ。地獄というといい方は大げさかもしれないが、不本意な状況を与えられてしまったとき、人は自分が世界の底にいるような気分を味わう。傍から見れば地獄でも何でもなくても、当人にとっては地獄なのだ。

そんな地獄に堕ちたと感じたら、投げやりになるのではなく、地獄にみずから飛び込んでいくぐらいの気持ちになったほうがいい。すると、自分の興味に引っかかる何かが見つかる。そうなればしめたもの。

何をやっても勉強になるんだという発見と自信から、その後はどんな苦手なものでも自分の関心につなげることができるようになる。そうしているうちに、**人生丸儲《まるもう》け**の状態になってくるのを感じるはずだ。

わたしはたぶん、その感覚を味わえた一人だと思う。何をやっても、どんな人に会っても、何かしら学ぶことができ、なによりとても楽しいと思えるからだ。

むろん、地獄に堕ちろといわれても、「あえてそんなことはしたくない」という人のほうが多いだろう。地獄をただ嫌なものと斥《しりぞ》けても、人生には苦痛がついて回る。だとしたら、驚きの体験をしてみるだけの勇気を出して、あえてそこへ足を踏み入れてみてはどうだろう。

よく「この歳になって、そんなことまではしたくない」「おれはこのスタイルで30年やってきたんだ」といい張る人がいる。

地位のある人に多いが、歳を重ねるあいだには、自分のこだわりを捨てても知識や経験の新陳代謝が必要になるときがある。望まない変化に出くわしたとき、今までのスタイルにこだわっていると、人生はそこで終わったも同然になってしまう。ましてや、どんな業界や専門にせよプロとして仕事をしているのなら、進化しつづける責任がある。

わたしも、自分はまだまだ未完成だと思っている。喜寿（77歳）を越えるとなかなか身体がついてこなくなるが、地獄に堕ちてなお学ぶ。そのための勇気と気力はいつまでも持っていたい。

賢くなければバカにはなれない

おバカタレント、というネーミングが一般的になったのは、いったいいつだっただろうか。養老孟司《ようろうたけし》さんの『バカの壁』が大ベストセラーになったのが２００３年のことだから、ひょっとするとそのころかもしれない。

〝バカ〟というのはいいことばだと、わたしは思っている。だいいち賢くなければバカはできない。

テレビのバラエティを観ていると、どんなバカをいうか、突飛な発言で笑わせられるかと、おバカタレントの方たちは相当考えているな、と実感するときがある。彼らにはそれを考えるだけの頭のよさがあるのだ。

バカをやるというのは、イコール失敗することである。同じ失敗でも笑えないものと笑ってしまうものとがある。おバカタレントは、ある意味、失敗を批判する側の気力を失わせてしまうほどの、とんでもない失敗をしてみせる。そうしないと笑いにはつながらないからで、一緒に出演したときに楽屋裏でそう気づいた。バカをわざわざ芸としてやるというのは、大変な作業なのだ。

そういう意味で、彼らがやっていることは失敗学、無駄学のケーススタディにもなりうるかもしれない。〝バカ〟＝わからない、というなら、わからないほうが、前述した通り自分にとっての〝埋蔵金〟が多くなる。それだけ学んで成長できる可能性があるということだ。

定年退職後に「勉強しよう」では遅い

仕事が忙しいことは、勉強にとって果たして不利な条件だろうか。それは違う。「定年後にいろいろ始めたい趣味がある」などという人がいるが、あえて断言する。

定年後に始めたってダメだ、と。

「退職してから夫婦で世界旅行に行こう」といっても、いきなり海外旅行したところで慣れないものだから緊張して楽しめるわけがないのだ。せいぜい有名観光地をめぐって終わり。修学旅行以上のものにはならず、せっかく何十年も働いてようやく旅行しても、世界が深まっていかない。一度きりの「行ってきた」という事実だけで終わってしまう。

でも、もし会社員時代からヨーロッパ史が好きでいろいろな本を読み、旅行できなくてもイメージを膨らませ、知識を深めていたらどうだろう。そのうえでヨーロッパ旅行をすれば自分の中に、たとえば「ルネッサンス期の絵画」といったテーマが見つけられるので、旅はより楽しくなるにちがいない。

かくいうわたしも、60歳を過ぎてから海外をレンタカーで旅し始めた。レンタカーの旅ははじめてで、苦難も多く辛いこともあった。それまでに蓄積したはずのヨーロッパに関する知識と経験なんか序の口にすぎなかった事実を知った。おまけにそのあたらしい体験をもとに本も書いてしまった。ヨーロッパに対するたいした思いも知識もなく、単に海外を車で走る、という興味だけでも、レンタカーによる海外の長期旅行には試してみる価値がある。

物事を楽しむには、ソフトとハードが両方そろっていないとダメなのだ。ハードとは、実際に身体を動かし、現地を歩くこと。ソフトとは知識を現場で鍛え直すことである。子どものころから好きだったこと、ずっとやりたいと思っていることが誰にでもあるのではないだろうか。それを実現したいものだ。

定年後に、ほんとうに自分が好きなことを始めてみよう、などと思ってはいけない。そんな発想は、人生を無駄に消費するだけだ。**今すぐにでも好きことをぜひ始めてもらいたい**。時間は、どこかを切り詰めれば、かならずひねりだせるものだから。

「あとがき」に代えて

だまされることで創造的批判力が身につく

本書でさまざまな「非常識」をうったえてきたが、「批判的に読書をしない」と述べた個所などは、うっかりすると意味を誤解されやすいことに気づいた。読書はまず書いてあることを理解するのが先という趣旨だったのだけれど、「批判せずに丸のみにする」といった意味に解釈されたかもしれない。

もちろん、勉強を進めるうえで、批判的な視点をどこかに持っておくことは必要不可欠だ。しかし、批判的に読んでは本質を見失う場合もある。

たとえば古代の文献やら神話は、今の科学的常識をもって批判してもしかたがない。だいいち、科学ということばもなかったのだから。いや、神話は古代にあって、おそらく最高度の世界認識であって、いわば神話が科学だったといえる。

ただ、**批判的に構えてはじめから事にあたるのでなく、苦手なもの、ダメなもの、嫌いなも**

のもすぐに否定せず、いったん自分の中に通すことが重要だとも考えたい。そうすることで、神話の叡智が受け取れる。

では、批判力をつけるにはどうしたらいいのか。まず**「だまされて読むこと」に慣れる**のがいちばんだ。そして**間違えてだまされる**のがいい。それが、当時の人たちの感じた叡智に、もっとも近いからだ。

だまされたといえば、こんな体験をした。

わたしはコーヒーが大好きだ。いつも、気軽にコーヒーが飲みたい。それである日、家電量販店で「ガスも使わず、すぐにお湯が沸く製品がないか」とたずねた。紹介されたのが、昨今流行の電気ケトルだ。保温ポットと違い、常に沸かし立てのお湯でコーヒーが飲めるとなれば、これはありがたいと購入した。

ところが、さっそく自宅でこたつに入り、ポットのスイッチを入れたとたん、ブレーカーが落ちて家中が真っ暗になった。

そのときわかった。「便利だが、電気を食いすぎることは想定外だった……」と。店員さんは、そんなことまで教えてくれなかった。だました、というわけではないが、おかげで電気ケトルに対して疑問が生まれた。いったいなぜケトルは大量に電気を食うのか、と。これはいってみれば、だまされたから批判的になれた一例だといえる。
人間というのは、最初から批判的になるのではなく、体験を積み重ねて批判的になっていくのだと思う。だまされることで、物事をより深く洞察できるようになる。**だまされることは、損ではなく得なのだ。**

それに考えてみれば、人生なんていうものは、自分の無知さを世間にひけらかすことの連続であって、いわば「恥のかき通し」ではないか。間違えるのは、恥ではなく権利だ。誰もが常に「間違える権利」を行使している。「間違えるな」ということは権利を奪うこと、といいたい。そのくらい大事なことだとわたしは考えている。

ついでながら、最近わたしは『プラットフォームとデモクラシー』(駒村圭吾編)という非常に興味ぶかい本を読んだ。GAFAMと称されるメガ・プラットフォーマーが、ユーザーのコミュニケーションどころか好みや行動まで管理しだした問題を、デモクラシーの危機とも重ね合わせて分析した本で、SNSも民主政治も「デマゴーグ」すなわち「偽りの情報」に支配されると主張する。民主主義とIT社会はデマやフェイクに弱いという、大胆な提言に目を開かされた。そう、「間違える権利」が「ウソをいう権利」に転換しないことを監視する時代が来てしまったのかと、嘆息した。これからの勉強は、いよいよウソと偽りへの対策ともならねばいけないのだ。

しかし、間違えることの本来の意義を最後にあらためて強調しておきたい。

間違えるだけで放っておくことを、賢い人はいさぎよしとしない。きっとどこかで、あやまりを訂正するものなのだ。間違いが発見されて、それが正される。それを「フィードバック」と呼ぶ。このフィードバックは、人間をはじめ生物が自然に持っている力といえる。あなたも持っている力だ。フィードバックが稼働して常にあやまりが修正されることこそ、生命の本質といえる。わたしたちも勉強を「生きる」かたちでつづけるべきなのだ。

いわゆる啓蒙主義が広がるにつれて、ヨーロッパの人々の間で「批判力」に注目が集まることとなった。それ以前は王がいったことは絶対であり、批判することなど許されなかった。しかし、権力を批判し、さらに理性を活用して得る知識を中軸にしてあらたな提案をつくりあげる力が、権力に代わるものでないといけない。当時はこの力を〝コモン・センス〟と呼んだ。コモン・センス——常識という批判力。それが本書でも述べた啓蒙思想の本質なのだ。フィードバックの機能とコモン・センスの活用こそ、勉強法のおおもとでなければいけない。

最後にもう一言。

勉強したくなる気持ち、勉強が身につく手法、といった問題は、基本的にはモチベーションに関わっている。恐怖や強制の下でする勉強は楽しくないし、身につかない。ご飯を食べることも忘れて熱中することが、勉強の王道だ。それは子どもが遊びに熱中するときの純粋な気持ちにいちばん近い。お金も名誉も関係ないのだ。

脳がワクワクして喜ぶことこそが勉強する本来の目的であり、大いなる魅力であるはずだ。

そして、そんな楽しい作業を繰り返すうちに、さまざまな知識が、まるでワインのごとく味わい深く発酵し、いろいろな学問が愛おしくなってくる。あらゆることがどんどん吸収できる。融通無碍《ゆうずうむげ》の海綿のような脳になれたとしたら、人生は絶対に楽しいに決まっている。わたしはそう信じたい。

2025年3月

荒俣《あらまた》 宏《ひろし》

本作品は、講談社より２０１２年５月に刊行された『０点主義――新しい知的生産の技術57』を底本に大幅に加筆、改筆し、再編集したものです。

荒俣宏

（あらまた・ひろし）

1947年東京都生まれ。博物学者、小説家、翻訳家、妖怪研究家、タレント。慶應義塾大学法学部卒業。大学卒業後は日魯漁業に入社し、コンピュータ・プログラマーとして働きながら、団精二のペンネームで英米の怪奇幻想文学の翻訳・評論活動を始める。80年代に入り『月刊小説王』（角川書店、現KADOKAWA）で連載した、持てるオカルトの叡智を結集した初の小説『帝都物語』が350万部を超え、映画化もされる大ベストセラーとなった。『世界大博物図鑑』（平凡社）、『荒俣宏コレクション』（集英社）など博物学、図像学関係の作品を含め、著書、共著、訳書多数。

すぐ役に立つものは
すぐ役に立たなくなる

2025年3月31日　第1刷発行
2025年6月30日　第3刷発行

著者　荒俣 宏

発行者　鈴木勝彦
発行所　株式会社プレジデント社
〒102-8641
東京都千代田区平河町2-16-1 平河町森タワー13階
https://www.president.co.jp/
電話　03-3237-3732(編集)／03-3237-3731(販売)

ブックデザイン　小口翔平＋畑中茜＋青山風音(tobufune)
カバー写真　野口博(株式会社フラワーズ)
本文図版資料　著者提供
本文組版・図版　朝日メディアインターナショナル株式会社

販売　桂木栄一　高橋 徹　川井田美景　森田 巌
末吉秀樹　庄司俊昭　大井重儀
編集　村上 誠
制作　関 結香

編集協力　髙木真明
撮影協力　角川武蔵野ミュージアム

印刷・製本　株式会社新藤慶昌堂

ISBN978-4-8334-4073-8
Printed in Japan